南京鹤琴
一所没有特色的幼儿园

张 俊　蔡冬青　著

南京师范大学出版社

图书在版编目（CIP）数据

南京鹤琴：一所没有特色的幼儿园 / 张俊，蔡冬青著 . -- 南京：南京师范大学出版社，2022.6（2024.9重印）
ISBN 978-7-5651-5330-3

Ⅰ . ①南… Ⅱ . ①张… ②蔡… Ⅲ . ①幼儿园 – 建设 – 研究 – 南京 Ⅳ . ① G619.285.31

中国版本图书馆 CIP 数据核字（2022）第 095671 号

书　　名	南京鹤琴：一所没有特色的幼儿园
作　　者	张　俊　蔡冬青
策　　划	张　鹏　张　莉
特约策划	书的喜悦丨柳　漾
责任编辑	徐文娟　魏　丽
插图绘制	费薇薇
出版发行	南京师范大学出版社
地　　址	江苏省南京市玄武区后宰门西村 9 号（邮编：210016）
电　　话	（025）83598919（总编办）　83532185（客户服务部） 83375685（区域渠道部）
网　　址	http://press.njnu.edu.cn
电子信箱	nspzbb@njnu.edu.cn
照　　排	南京私书坊文化传播有限公司
印　　刷	南京玉河印刷厂
开　　本	890 mm×1240 mm　1/32
印　　张	9
字　　数	194 千
版　　次	2022 年 6 月第 1 版　2024 年 9 月第 5 次印刷
书　　号	ISBN 978-7-5651-5330-3
定　　价	45.00 元

出 版 人　张　鹏

南京师大版图书若有印装问题请与销售商调换
版权所有　侵犯必究

序一

普通而典型：鹤琴幼儿园的存在与意义

我被吸引住了，被感动了，也受"启蒙"了，更受鼓舞了，有时还热泪盈眶。

因为这本书，因为这本书里的人。

这本书叫《南京鹤琴：一所没有特色的幼儿园》，这群人叫"鹤琴一家人"。

于是，我决定写一个不像序的序。其实，序也没有什么具体的规定性。序，本质上是读后感，是学习的体会，只要是发自心灵深处的，真诚的，就应该算得上序——这是我的自定义。

如今，这一自定义，得到了这本书的印证。"一所没有特色的幼儿园"，一个最不像园长的园长，带着一群最不像老师的老师，却教出了一群最像孩子的孩子。当然，我不敢说写出了最不像序的序，不过，我敢说我写出了内心最真实的感受。

"最不像……最像……"绝不是悖论，而是充满思想张力的辩证法。最不像的是他的外表，最像的在他的心灵；最不像的，是颠覆了一般的意义，最像的在他正确而先进的理念；最不像的，是他的"不摆谱"，最像的在他的纯真的情怀。不像园长的园长，带出了不像教师的教师，却教出了最像孩子的孩子，其最深刻的意蕴是最称职的最好的园长、最称职的最好的教师，评判的标准在孩子。孩子还像孩子，儿童还是孩子，他们虽在变化，却没有成为早熟的果子；他们都在进步，社会适应性在增强，却没有一切都"顺着"教师和大人来；他们不断在发展，儿童的天性与童年的秩序还在。孩子是评价幼儿园的根本尺度，幼儿园是这样，中小学也应如此。

这一切都发生在南京市鹤琴幼儿园。

这所幼儿园是一个"特别的存在"。她特别，是因为以教育家陈鹤琴先生命名，践行的是陈先生"活教育"的思想，弘扬的是中国化、大众化、现代化的学前教育思想。遗憾的是，今天，有不少人、不少幼儿园忘掉了，甚至是丢弃了陈先生的教导，也丢弃了自己，在今天，在全球化的今天，忘掉了民族化、本土化，而鹤琴幼儿园，还坚守着、深化着、发展着。她的独特性正是文化自信、文化自觉的体现。殊不知民族性、本土化的缺失，不是完整意义上的全球化。鹤琴幼儿园坚守的正是中华优秀文化传统，扎根中国，又面向世界，相信这种"特别的存在"将会成为"普遍的存在"。这正是鹤琴幼儿园存在与坚守的意义和价值。

"特别的存在"又是朴素的真实存在。当赵寄石,这位百年老人、儿童教育家,向张俊园长问幼儿园有多少人时说"人不能太少啊",张俊教授为什么会哽咽,是因为,他知道,人少,幼儿园没有普遍意义。陈先生心里装着大众化,赵先生心里装着普遍性,张俊心里装着普惠性,他们心里都装着儿童,装着教育,装着国家。这是朴素的真实,是特别中的普遍。办一所最普通的幼儿园,面向全社会,面向普通老百姓,探寻办园的普遍经验,探明幼儿教育的普遍规律,普通的,是真实的,是最有普遍意义的,是难能可贵的。在一些人一味地去办高级幼儿园,办贵族幼儿园的今天,不应该向鹤琴幼儿园致敬吗?

但是普通的、平常的、朴素的,绝不是平庸的。南师大学前教育系,学前教育的专家教授们有高深的学问,精湛的专业,还有实验研究的能力与水平,他们一直继承南师大学前教育的传统,不忘实验,不忘研究,将改革建立在实验、研究基础之上,贯穿在实验、研究过程之中。那座小山坡,那些公开课,那安保人员读陈鹤琴文章,那不需要园服的慎重思考……不都是实验、研究、改革吗?实验、研究、改革在日常教育生活中,在孩子的生活中,在教师的生活中,生活化、常态化的实验、研究、改革会构建良好生态,会成为教师们的一种学习方式、工作方式,以至成为一种生活方式。这是一种境界,正因为此,鹤琴幼儿园是有深度的,是有理论支撑和引领的,是具有典型性的。

鹤琴幼儿园深知,教师是办好幼儿园的第一资源,改革的主力军是教师,有什么样的教师就会有什么样的课程、活动,就会有什么样的孩子和家长。一所年轻的幼儿园，一群十分年轻的教师创造了一切，创造了自己的幼儿园，也创造了自己。与其说是生态培育了教师，不如说，园长和教师创造了生态，园长、教师、孩子本身就是一种生态。他们在讲故事，讲自己的经历，讲自己的所思所悟，读这本书就是读他们这"鹤琴一家人"。我阅读时，总觉得陈鹤琴先生就站在我们面前，就在幼儿园里，是那么鲜活，那么慈祥，那么亲切。鹤琴先生，您放心吧，您后继有人，这所普通而典型的幼儿园是献给您最宝贵的礼物。

成尚荣

国家督学、原江苏省教育科学研究所所长

序二

无特色园之"鹤琴"特色

南京市鹤琴幼儿园,是南京师范大学学前教育专业的实验园。南师学前的"鹤琴园"在七八年前即建园之初的一番操作,就使这所坐落于建邺区城郊搭界之处的普通小区配套园注定不同寻常。

鹤琴园的首任园长,是南师学前教育系副主任张俊老师。"俊园长",是我们对张俊园长的昵称。想当初,园舍快建好之际,我竭力推荐张老师任园长,并非完全因为俊园长是男性,更因为同事多年,深知张俊老师有深厚的学前教育情怀,学术思路清晰,学前儿童科学与数学教育的研究与实践尤为扎实,而在南师学前的教学管理中孰重孰轻拿捏得当,最为关键的是,为人处事幽默风趣,换作另一人可能会生气的事情,张老师一句话就会变得很有趣。一个团队中，有一个有情怀、有学问还能时不时化干戈为玉帛的领队无疑是再理想不过了。为了俊园长在新岗位上开展工作便利，更为了南师学前和南师实验园在教育实践中的渗透交融，系里一直请俊园长身兼两职，既是南师学前教育系副主任，也是鹤琴幼儿园园长。六年来，俊园长的工作成效已超越了大家的预期。

作为主办鹤琴园的学术支持一方，有一群来自不同单位的热情高涨、融会贯通、兼容并蓄、海纳百川的谋士在幕后积极谋划，这一群人甚至先于园长（的任命）而出现。记得当初仅仅室内外环境设计就开了多次讨论会，大家对着设计图一遍遍修改，把许多美好的建园设想融入设计中。鹤琴园，从一开始，就怀着虚心学习的态度，吸取了国内多家高质量幼儿园的精华，特别得益于南京市多位知名园长的支持。

作为主办鹤琴园的行政领导一方，南京市建邺区教育局的领导虽常升常新，但无一例外都非常支持鹤琴园的整体建设，建邺区与南师学前有着全方位的专家工作室合作项目，南师学前则为鹤琴园派出了资深教授孔起英博士，定期指导园内教育教学。除此之外，鹤琴园还根据发展需要聘请了包括南师学前副教授郭良菁博士等多位有经验的专家。鹤琴园开办至今区区六年，却已受到国内同行的关注，这是高校与地方政府合作的成功典范。

鹤琴园的教职员工，多是百变能手。保育员能在保育工作与教育工作之间自然切换，安全员能在保卫幼儿园和改善园环境之间流畅换频，家长眼里的鹤琴园不像"幼儿园"，更像一个家。

一位教育专业的高校中层领导同时也是鹤琴园家长的朋友曾经告诉我，自己的孩子很喜欢去幼儿园。我问他是否知道孩子为何喜欢去幼儿园，他实事求是地说，没想过，只是从老师与孩子的互动中感觉到老师和蔼可亲，循循善诱，充满家人般的温暖。这位家长朋友不知道的是，鹤琴园的大厨还真把幼儿园当作一个大家庭了，每天为一大家子操劳不亦乐乎。

鹤琴园，走过六年，那么多孩子都认为"老师最喜欢我"，这是对鹤琴园教职员工最大的肯定。鹤琴园，已然成了南师学前本硕博人才培养的研究基地，成了南师学前师生最信赖也最依赖的教改实践试验田，也成了南师学前历届系友的精神家园。这让关心和支持鹤琴园成长的所有人感到欣慰。

鹤琴园，当陈鹤琴先生"活教育"理念不仅深入教师心中，而且深入所有职员脑中时，它已经不可能没有特色了。

顾荣芳　教授

南京师范大学学前教育国家一流专业负责人

序三

"我们的"鹤琴幼儿园

冬青是我在南师大读本科时的同班同学。两年前的一天,她在和我交流对教育的一些感悟和看法的时候,提到了她会跟张俊老师一起写一本书,这本书是关于鹤琴幼儿园的,具体的形式和内容,她和张老师还在讨论、打磨,大概率是一本很有文学性和可读性,却又是完全基于真实事件的,以"故事"的形式呈现的书。我一听,马上向她抛出了自己的心愿——我很期待这样的一本书,一定要把鹤琴幼儿园里的故事写出来!我想看!要知道,2019年的秋天,那场"田老师的草坪婚礼"在鹤琴幼儿园的公众号一发出,就在幼教界掀起了一阵阵波浪,全国的幼教同行都在纷纷转发,大家感慨这真的是"活课程"!如果可以把更多的故事记录下来,那一定非常有意思!

从那天起，我就开始期待这本书的诞生。非常有幸，冬青完成这本书的第一时间就和我分享！收到电子稿后，我马上兴奋地读起来。我自己也没想到，从那个把我的思绪一下子拉回到二十年前旧时光的画面开始，我就保持着"热泪盈眶"的状态。书里的每一个故事，每一句话，都是那么鲜活、自然，处处透着用心和诚恳。在书中，我有很多次看到了"自己"——对，我是开篇提到的那"29张年轻脸庞"中的一员；我是那个刚入职时经历了各种教学"翻车"现场的新老师；我在专业成长的道路上，一样面临着各种各样意想不到的挑战；我的许多幸福瞬间也来自幼儿园的孩子、家长和同事；做了妈妈的我，一样期待着老师向我分享孩子走在路上的一个个小小脚印……或许，正是这样的一种共鸣，让我在读这些故事的时候，仿佛自己处在"平行宇宙"中，脑海里不停切换着鹤琴幼儿园的故事和自己的经历，那份感动不言而喻。张俊园长说："我们不追求完美，我们更在意真实。"是的，这里的每一个故事，都很真实！不仅真实，还透着真诚。我想，读这本书，幼儿园的管理者、教师、后勤人员和家长，都能从这一个个故事里感悟到陈鹤琴先生的"活教育"理念带来的温暖与美好！大家都抱着同一颗初心，陪伴着孩子们在生活中学习，鼓励他们去发现自己的世界，静待每一朵花开。

记得2016年的夏天，在我们2002级毕业十周年的聚会上，顾荣芳老师郑重宣布：南京师范大学学前教育系一直以来的一个愿望要实现了——"我们的"鹤琴幼儿园将在2016年9月开园！我们相约，在下一次聚会时，地点就选在鹤琴幼儿园。从此以后，和别人提起鹤琴幼儿园，我都喜欢在前面加上"我们的"。因为，她的诞生，汇聚了我们所有南师学前人的理想！

"我们的"鹤琴幼儿园在亲身践行并传承陈鹤琴先生的"活教育"思想，让儿童成为儿童，让教师成为看得见儿童的教育者。

"我们的"鹤琴幼儿园一直走在大家可以学习和实践的"典型幼儿园"的路上，尽力去探索，试图去解决幼儿园教育现存的一些普遍性的问题。

"我们的"鹤琴幼儿园留下了许多的故事，这些故事的确是独一无二的存在。但是，相信每一个人都能在故事中看到"自己"，看到自己五彩斑斓的童年，看到人与人之间最纯粹朴素的善意和情感，看到一个集体给予个体的改变和力量。

是的，鹤琴幼儿园是"我们的"，是我们所有人的，是属于所有孩子的。愿所有的老师和家长都努力地用行动"谱写"这样的故事，愿所有的孩子都能绽放最自在开心的笑颜——这一定是对这些故事最好的回应。

郑燕斌

全国优秀教师、南京师范大学学前教育系 2002 级校友

目录

序一　普通而典型：鹤琴幼儿园的存在与意义　| 001
序二　无特色园之"鹤琴"特色　| 005
序三　"我们的"鹤琴幼儿园　| 008

教育有没有"桃花源"　| 001
园长说：我为什么做园长了　| 008

最重要的事
　　一个可以影响人生和历史的选择　| 015
　　幼儿园的理想模样　| 020
　　一定要开公开课吗？　| 027
　　有你就幸福　| 035

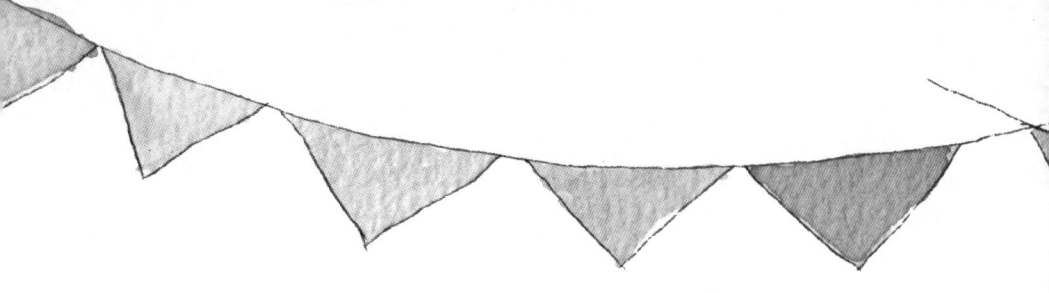

  暖暖的鹤琴之家 | 043

  园长说：教育即生长 | 050

分不开的教育与生活

  从天而降的影子游戏 | 057

  童年里的烟火气 | 062

  植物宝宝的"微信号" | 069

  草坪婚礼诞生记 | 074

  幼儿园的"非典型大厨" | 083

  园长说：教育即生活 | 091

小孩子喜欢的

  春天"有"秘密 | 097

  端午节的五彩绳 | 105

  世界上最香甜的一碗粥 | 110

  鹤琴娃娃过生日 | 116

  老师有个万花筒 | 123

  园长说：培养"活"的儿童 | 127

看见每一个
    老师最喜欢我 | 133

    在你的心里与世界连接 | 140

    "水天堂"里的小鱼 | 148

    独一无二的甜甜话 | 154

    园长说：从热爱儿童到看见儿童 | 159

静静地等待
    小孩子的小心思 | 165

    一个臭臭的、臭臭的故事 | 171

    耐心站在彼岸 | 177

    每一条小径都通往花园 | 183

    园长说：要陪伴，更要等待 | 190

真诚是最短的路
    角色扮演背后的"角色扮演" | 195

    在"真"的底色上分享 | 202

    安全事故"三连击" | 208

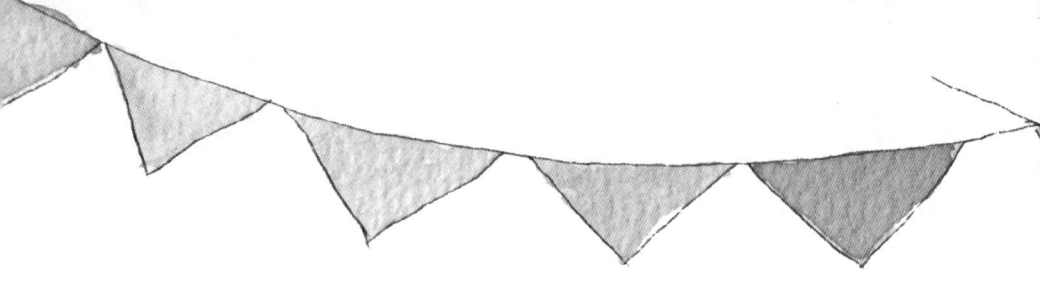

家园之间的彩虹桥 | 216

园长说：真实面对 | 227

时光的河入海流

童年的美好足迹 | 233

幸福的瞬间 | 242

用"爱"装点的家 | 251

属于孩子的毕业典礼 | 261

园长说：成为一所没有特色的幼儿园 | 267

结束语　每一片绿叶的响声和光芒 | 269

教育有没有"桃花源"

在南京师范大学庆祝建校 100 周年的那个九月,又一批刚刚经过高考洗礼的孩子走进了这座美丽的校园。他们中的很多人,会在四年的专业训练之后成为一名教师。

在仙林校区的一间教室里,阳光透过窗户,静静洒在 29 张满怀憧憬的脸庞上,他们在认真地聆听着自己的第一节专业课。这是一个很特殊的集体,全班 29 人,只有一个男生;这是一个有些特殊的专业,不是音乐系,但有钢琴课,不是舞蹈系,但要学舞蹈,不是美术系,画画却也是必修的基本功。相比于其他院系,这里的学生要学的各种"技能"真的很多很多。不少同学圆了"童年的梦",弥补了曾经没能实现的"遗憾"。这里是教育科学学院 2002 级 1 班,他们的专业是"学前教育"。

四年之后，他们自信满满地开始了自己的教师生涯……而我，也是他们当中的一员。

但是，当我真正成为一名教师，真实地面对一群让我手足无措的幼儿时，我才明白，当年老师们在课堂上说过的那句话，蕴含着多少深意——"四年的专业熏陶仅仅是一个开始，作为一名教师，你们必须学会终身学习"。

我们曾经以为孩子是很简单的，那可能是因为，我们忘了自己是一个孩子的时候，都想了些什么；我们曾经以为教孩子也是很简单的，那可能是我们还没有意识到，每一个孩子都是那么的不一样，并且他们每一天都在成长。幼儿园，是孩子离开家之后的第一站，是进入学校之前的乐园。在很多人的心里，幼儿园老师的工作并不复杂，也不辛苦，幼儿园似乎就应该是一个桃花源般的存在。然而，现实往往比想象要艰难得多。

我和我的同学们一样，也许，也和千千万万的幼儿园老师们一样，我们度过了那样一段极度怀疑自己的时光：不会上课，不会维持纪律，不知道孩子为什么又哭了，不知道为什么午休的时候自己那么困，他们却一个个精神抖擞，不知道以后该怎么办……

那段时光已经走远了，然而那体验是那么强烈而深刻，那些从学生身份转换到教师身份后的迷惘至极的日子，似乎就在昨天。

我在这样的情绪里停留的时间很短暂，很快地，我考上了中国现当代文学专业儿童文学方向的硕士研究生，那些每天流连在童话中的日子，被我当作生活对我在无比辛苦的工作之余坚持学习备考的最大馈赠。

我似乎已经远离了学前教育这个专业，找到了另外一个更适合自己的精神家园。然而，我又不得不感叹充满魅力的命运永远会变出下一颗预料不到的糖果。在近二十年前的课堂上，系里的虞永平老师和许卓娅老师对我们说过的话，竟然真的变成了现实：学前教育系鼓励大家去寻找自己更大的可能性，如果同学们走出了这个圈子，接触了其他的领域，老师们希望你有一天能再走回来，到时候，希望你对专业能有不一样的感悟，也能带来不一样的气息。

可能是由于专业的敏感性，当 2016 年鹤琴幼儿园开办的时候，我几乎是出于本能地关注起了这个在我心里"与众不同"的幼儿园。我很喜欢读鹤琴幼儿园的公众号推文，因为很多的办园理念我都非常认可。例如，他们会强调，老师布置的任务就留给孩子自己完成，家长不代劳，无论孩子做成什么样，都是孩子的印记和作品。我还经常看到在园家长的留言互动，话语里尽是满满的自豪和感激。

两年前，一位熟悉的编辑朋友约我写一本图画书，想以师生之爱为主题。当时，我的脑海里立刻自然而然地跳出了"鹤琴幼儿园"这个形象，我想到了在开学的时候穿青蛙服的"园长老伯"，想到了获得无数转发和赞誉的"田老师的草坪婚礼"，想到了在幼儿园里和孩子们一起感受万物生长的"网红"聂伯伯……我想，我要创作一本取材于鹤琴幼儿园的图画书，脑海里甚至都已经浮现出以"园长老伯"为核心的一些人物和事件的画面。

我把这个想法告诉了张俊老师，他很快给我回了一条消息：

南京鹤琴：
一所没有特色的幼儿园

"非常好！不过，你不要写我，也不要仅仅只写具体的哪一个人，你写我们幼儿园。有空到我们幼儿园来看看，我们有太多的故事。"

我看着这条信息，不知道为什么就在那一瞬间，我立刻非常地肯定，这是一本值得去写的书。有大学里理论素养深厚的专家做园长，有陈鹤琴先生的"活教育"理念和南京师范大学学前教育系的专业力量来支撑。特别要强调的是，这是一所一个月收费只有几百块的公办幼儿园，是一个"普普通通"的、绝大多数家庭都可以承受得起学费的幼儿园。如果这是一所孩子特别乐意上，老师们乐在其中地享受工作，家长也很放心、很喜欢的幼儿园，那么，它不就是一个理想的"桃花源"吗？

我迫不及待地跟张俊老师约好了时间，走进了这所在很多幼教人看来"起点高"而神秘的幼儿园。

当我静静站在这个砖红加米黄色的建筑面前，望着这所看起来"普普通通"的幼儿园，她符合我期待中的样子吗？事实上，我从来没有在心中预设过一个外观"高大上"的园所形象。也许可以这样说，作为一个曾经的幼儿园教师，任何外部的条件都无法对我形成真正的吸引。我明白，如果鹤琴幼儿园是一个特别的存在，那这些特别之处一定是存在于孩子的笑脸上，教师的行动里，幼儿园的氛围中。

保安师傅热情地把我迎了进去，就像我是一个久别重逢的老友。后来我才知道，幼儿园的保安师傅们，也经常是陈鹤琴相关文集不离手。细细想来，在他那和煦温暖的笑容、不卑不亢的态度中，其实已经藏着被那些文字滋养的印记。

张老师正坐在办公室里等我。隔着十几年的光阴往回看，他已经花白的头发，让我见到了岁月的影子；但他那不紧不慢的语速，淡淡的、从容的笑，又让我觉得似乎一切都没有改变。"我带你转转吧。"他说。

我们在幼儿园里转了一圈，他给我细细介绍了幼儿园的角角落落。

走进班级的时候，我看到了在幼儿园里很少见到的高低床。张老师似乎看出了我的惊讶，说："当时，顾老师坚持要使用这样的高低床，她觉得这样的结构让空气流通顺畅，孩子们会比较舒服。"

走到园后小坡地的时候，我说："好像没有一块大而平整的操场啊。"张老师说："是的，小山坡高高低低，当时交付的时候就是这样。虞老师认为，就保留原样，不用改动。孩子们站在小坡上做操，正好可以锻炼平衡能力。"

…………

一圈走下来，我隐隐有种感觉："这所幼儿园是与众不同的，这种与众不同，不是说它有什么远远优于别的幼儿园的软硬件，而是有自己的见解，以及对这种见解的自信和坚守，哪怕某些看法和做法也许有悖于一些心理惯性和行业目前的普遍共识。"

回到园长室坐下，我迫不及待地问："张老师，您可以先给我讲些关于鹤琴幼儿园的，您印象很深刻的故事吗？"

"故事其实有很多，都不知道从哪里说起。"张老师就像谈起自己的孩子那样。

"我想，应该从幼儿园的缘起说起吧。有没有一件最打动您的事儿?"

张老师不说话了,他沉默着,在思考着什么。过了一会儿,他缓缓地说:"我想起了赵寄石先生对我说的话。"

"赵老师由于年纪很大了,很多人、很多事都已经记不清楚了。但她一直牢牢记着,我们系办了一所自己的幼儿园,每次和人谈起,总是神采飞扬。有一次,我去看望她,她问了我幼儿园的基本情况,第一届招了多少孩子?一个班几个孩子?她叮嘱我:'孩子不要太少……'"说到这里,张老师哽咽了。

如果我是一个完全不明就里的记者,也许我会在这儿等待他平复情绪,继而追问:"孩子不要太少是什么意思?"但我不是,我是一个学前教育专业毕业并且从事过幼儿教师职业的人。我在

那一瞬就听懂了这句话背后的含义。

是的，这是她的理想，这是南师大学前系的理想，这是一代又一代幼教人的理想：办好幼儿教育，办好最普通的幼儿教育，让每一个普通家庭的孩子都能享受到优质的幼儿教育。我看到了张老师微微泛起的泪光，其实，我也在克制自己的情绪。十几年没有见面的我们，好像因为这一刻的某种共鸣而忽然熟悉了起来。

"我们想要办一所最普通的幼儿园，这所幼儿园不是要成为一个样板，而是要成为一个探路者。我们没有你想象的那么完美，也完全不是你和许多老师眼中的'桃花源'，我们也有许多纠结和疑惑，难题和困扰。但我们想要追求一种朴素的真实，去寻找一个永远不可能完全达到却一直不断趋近理想的状态。"

至此，我想我完全地明白了鹤琴想要成为一所什么样的幼儿园。它也许是特别的，但却又是最普通的；它也许是普通的，但却又是最好的。这里的好，不是横向地比较，而是永远去追寻心中那一个不熄的、理想的灯塔。

这是我第一次来到鹤琴幼儿园。在回去的路上，我的脑海里闪现出了各种各样的画面。让我印象最深刻的一帧是，在谈到鹤琴幼儿园是不是桃花源的时候，张俊老师对我说："我们的老师也经常会跟我倾诉这样那样的困难和痛苦，我们也有很多棘手的问题和困惑。但是，我总是对他们说，这就是生活，真实的生活。"

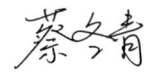

 园长说:

我为什么做园长了

办一所自己的实验幼儿园,对于南京师范大学学前教育专业来说,是一个埋藏很深却又久久不敢触及的愿望。众所周知,自陈鹤琴先生始,"理论联系实践"就一直是南师学前人的"标签"。但是真的要亲自"实践"起来,也许就没那么简单了。直到2015年,南京市建邺区教育局向我们抛来合作办学的"橄榄枝",又挑动了全系老师的心弦。大家又动心了!

在幼儿园的命名上,大家几乎没有出现任何分歧。作为鹤琴先生的学术传人,"鹤琴"二字既是我们的荣耀,也是我们的担当。很快我们就获得陈鹤琴先生家属的书面授权,鹤琴幼儿园的筹备工作也开始运作起来。我当时作为分管本科教学的副系主任,在筹建工作中面临的最大问题就是:谁来做园长?

很多人以为，"南京师范大学"这块金字招牌，一定会吸引很多有专业有情怀的园长前来加盟。事实却是，我物色到的中意的候选人，都礼貌地拒绝了我的邀请。直到我担任园长之后，有一位朋友悄悄对我说："你们南师大有一排顶级专家，谁敢在你们眼皮底下做园长呢？"我这才知道"专家"也许并不是一个时刻都受欢迎的角色。

我清楚地记得有一天下午，在系里的会议室，大家正为园长的遴选伤透脑筋。当时的系主任顾荣芳老师半开玩笑地对我说："陈鹤琴是男性，鹤琴幼儿园也应该有个男园长。我看你合适！"我当时愣住了。因为我从来没有想过，自己到底想不想、适不适合、应不应该做这个园长！我到现在也不清楚，当时为什么会鬼使神差地接下了这副担子，也许，只是从直觉上认定这件事值得做，值得交付自己的一段学术生命。也许，正是南师学前人的学术基因冥冥之中在为我指路吧。得知我担任幼儿园园长，我的导师，84岁的王志明老师特意给我打了一个长长的电话。她开门见山地跟我说："你去做园长很好，但是既然去做，就要脚踏实地地做，不能做挂名的园长，更不能做逃兵。"那次通话中，她跟我提到了她的老师——钟昭华先生、方观容先生、周南先生，也提到了她的同辈人——张慧和老师、楼必生老师，她们都在不同的历史时期做过幼儿园园长。做园长的经历也许并不是她们学术生涯的高光时刻，但她们都无怨无悔，甚至甘之如饴。我开始意识到，实践关怀是南师学前人薪火相传的精神之一。

许多朋友都很好奇我为什么要去做园长，是想干一番怎样惊天动地的事？我也常追问自己，以一己之力，究竟能够为幼儿园做什么，为改变学前教育实践做什么。记得有一次虞永平老师对我说："你去做园长，能不能不让老师天天加班也能把工作做好呢？"我当时没有把握，只是说我尽力吧。不过这句话一直被我记在心里。因为我见识过实践中有太多不务实的做法，例如文牍主义、追求无意义的精致等，这些都加剧了教师的职业倦怠问题。我不知道自己能在多大程度上改变现实，但是作为一个学者，我有责任去回答，理论究竟应当如何影响实践，是把简单的问题变得越来越复杂，还是帮助教师化繁为简地厘清实践路线呢？我忽然意识到，虞老师问题背后的潜台词，大抵也是出于一种实践关怀吧。

在我最初思考办一所什么样的幼儿园时，还有一个人的影响是不能不提的，那就是赵寄石先生。那年她已经95岁高龄，我去敬老院看望她，她问我的第一个问题是"一个班有多少孩子"，接着就跟我说"班级人数太少不好，没有典型意义"。听到她说出这样的话，我竟有一种热泪盈眶的感觉。我联想到20世纪20年代，陈鹤琴先生致力探索中国化、平民化、科学化的幼儿教育，而今赵老师的这个不经意间的问题，不正是延续了陈先生对大众的、普惠的学前教育的关怀吗？我终于意识到，南师学前人的实践关怀，本质上是对儿童福祉的关怀、对普罗大众的关怀。

从此，"典型"二字深深刻在了我的心里：办大众的幼儿园，办典型的幼儿园！我也因此而放下了很多包袱。我不必再千方百计地想象，能配得上"南京师范大学"这块金字招牌的是怎样一所"顶尖"的幼儿园，它应该是千千万万普通幼儿园中的一所。我也不必再纠结这所小区配套幼儿园活动空间不足了，只有在硬件条件一般的前提下做出来的研究成果，才真正有可能推广到更多普通的幼儿园。几年来，经常会有人问我鹤琴幼儿园的特色是什么，我都半开玩笑式地回答：我们的理想是办一所没有特色的幼儿园。也曾有人评价鹤琴幼儿园是不可复制的，我总是表示反对，因为在我看来，如果鹤琴幼儿园的实践不可复制，那就和失败没有两样。我们不在意能不能成为中国最好的幼儿园，但我们希望成为最典型的中国幼儿园，成为中国本土的学前教育理论在新时代的践行者。

我经常说，鹤琴幼儿园不是从零开始的，我们是带着思想来办这所幼儿园的。这个思想，是当年陈鹤琴先生对传统的"死教育"的批判，是当代南京师范大学学术团队的专业思考，更是几代南师学前人的实践关怀。开园之初，我带领全体员工共读《松林中新生的幼师》，重温陈先生在战乱年代带着学生艰苦创业的历史。我们一起探讨"活教育"的"活"活在哪里，领会陈先生"活教育"思想的精神实质。陈鹤琴先生抱着对儿童的大爱，在传统的旧社会里为儿童呐喊，他研究和揭示儿童的心理特点，呼吁教育要顺应儿童的天性、激发儿童的活力，这些在今天仍然具有现实的指导意义，仍然需要我们不断地为之努力。

所以，我很感恩此生有缘成为一名幼儿园园长，有机会去亲身践行并传承陈鹤琴的"活教育"思想，让儿童成为儿童，让教师成为看得见儿童的教育者。有一次,一位专家来到鹤琴幼儿园,给我们留下这样的评价:"一个最不像园长的园长,带着一群最不像老师的老师,却教出了一群最像孩子的孩子。"作为一名新手园长,我虽不知道什么是园长该有的样子,但得到这样的评价,内心还是充满欢喜的。

最重要的事

一个可以影响人生和历史的选择

2016年5月末的一天,刚刚大学毕业考上南京市建邺区教师编制的女孩何可,来到了南京师范大学随园校区——这里被称为"东方最美丽的校园"。这一天,随园聚集了一群幼教人。这其中,有一些是已经在幼教领域深耕几十年、名字在全国幼教界如雷贯耳的前辈。也有一些人和何可一样,初出茅庐,年轻的脸庞尚未褪去青涩——他们作为南京市鹤琴幼儿园首批创园教师,被邀请到这里来参加见面会。

走进田家炳楼的电梯,何可迎面撞上了一位老师,她忽然觉得这位老师有些眼熟,似乎在哪里见过,但是实在是想不起来了。没想到这时候,这位老师没有任何迟疑地对她说:"何可来啦?"她因自己叫不出老师的名字而尴尬,只好回了一句:"老师好!"

到了见面会上,她才恍然大悟,原来这位就是曾经在面试的时候见过的,自己将要入职的幼儿园的园长——南师大的张俊老师。这一句亲切的招呼,让她有种莫名的感动,以及——期盼。是的,她忽然觉得在这样的园长带领下,她即将工作的幼儿园,会是一个轻松有爱的大家庭。

这是何可一个人心里的感受,然而或许,这一次见面,对参与其中的每一个人,都具有某种特殊的意义:这是南京师范大学学前教育系自己办的第一所幼儿园的第一次教师见面会,这是一个起点,这是一个开端,这次平平常常的相聚,是一粒种子,种下的,是南师学前人的理想和愿景。

会议室里九位年轻的老师,齐刷刷坐成一排。他们每个人,都做了一个PPT进行自我介绍,大家仰着青春的脸庞,认真地聆听着彼此。这个女孩看起来好温柔,那个女孩看上去好活泼,嗯,唯一的一个男孩子,看起来非常会讲话……他们显然都经过了认真而充分的准备,每个人,都把自己立体地、很好地呈现了出来。当然,在来之前,他们也许猜测过这一天会听到些什么,看到些什么,学到些什么。但没有一个人能想到,在大家的自我介绍结束后,他们会听到虞永平老师的这样一句话:"你们今天的选择,是一个可以影响人生和历史的选择。"

每个人的生命都是一条向前涌动的河,人不会两次踏入同一条河流,你做出了一个选择,就是在人生的分岔口,选择了其中一个方向。由此说来,选择一份职业,选择一个单位,选择一群同事,确实都可能,也应该成为一个某种意义上改变了人生的决定。然而，影响历史又从何说起呢？

虞老师用他那深沉而平静的声音，为大家慢慢揭开了这个答案。他的语气里没有过度的渲染和夸张，有的，只是一种气场，似乎包含着一种有所克制的激情。他亲切地看着这些新教师，而大家从他的眼神中，更读出了一种坚定。他为这些年轻的、未来的幼教工作者们，描绘了一幅明天的蓝图——我们为什么意义而来，我们奔什么目标而去。

我们为什么意义而来：任何事情都有着特定的因缘际会，南京市鹤琴幼儿园也一样，在一个合适的时机，我们顺利地开办了。南师幼教有着陈鹤琴思想的基因传承，开办一所依托陈鹤琴教育理念的幼儿园，自然是我们一直以来的理想。而幼儿园教育现今存在的种种现实问题，迫切需求一些有典型引导作用的幼儿园；实践导向培训体系的建立，更是中国学前教育理论和道路的期待。

我们奔什么目标而去：这所寄托着南京师范大学所有学前人厚望的幼儿园，要做陈鹤琴教育思想的实践典范，做生活化、游戏化幼儿园课程的实验场，做教师专业成长的摇篮，做学前教育实践策略和理论的培育基地，要为世界先进理论和实践的交融以及儿童美好童年的维护贡献力量。

何可感觉到自己的心"咚咚咚"地跳了起来，这是一种奇妙的体验，来自某种理想主义的引领和召唤。她当然认为幼儿教育是美好的事业，不然自己也不会选择成为幼儿教师中的一员。然而，当这种美好以一个一个高远却具体的目标呈现在自己面前时，她仿佛看到了一条小船，上面载着每一

南京鹤琴：
一所没有特色的幼儿园

个心怀美好憧憬的伙伴，大家要一起航行划向远方。令人感到激动和不可思议的是，自己竟也可以成为船上光荣的一员！她年轻的心雀跃了起来，那种因为要离开学校转型成为一个每天面对无数琐碎工作的幼儿教师的焦虑，似乎在那一刻荡然无存了。

随后，张俊园长也分享了自己的愿景，他把到鹤琴幼儿园担任园长比喻为一趟旅程。他心中的鹤琴之旅是什么样的呢？他讲了很多很多，总的说来，他希望大家能做"鹤琴一家人"，鹤琴幼儿园要有"活"的儿童、"活"的教师、"活"的家长，做"活"的教育。

如果说，虞永平老师的话语给了这群年轻人一盏关于理想的灯塔，张俊园长则让他们似乎感觉到这灯塔虽然遥远，却是真实可感的，是可以触摸的，不用去问路在何方，路，就在他们共同的脚下。他们为能与这样的一所幼儿园一起成长，能在这成长的路上留下自己一步步踏踏实实的脚印而欣喜不已。

何可也许永远不会忘记，她那天是带着一种多么愉悦的心情离开随园的。她一路哼着歌，甚至有一种晕乎乎的不真实感，一种特别鲜明的欢乐从她的胸中喷薄而出。对于一个站在大四的尾巴上，在心里磨磨蹭蹭不想离开校园的学生而言，这一次见面，让她生发出一种从未有过的教育情怀和对未来职业生涯的无比向往，她感到自己要迈上一条了不起的教育道路。当天下午，她一回到宿舍，就滔滔不绝地跟舍友分享了自己的所见所思所感，舍友打趣道："我看你是入了什么神秘组织吧，看把你迷得，这个神秘组织是不是'鹤琴教'啊？"何可哈哈大笑："是呀，你们说对了，我就是入了，还有很多人跟我一起呢，而且从此义无反顾，绝不回头了，嘿嘿。"

她想到了另外八张年轻的脸庞，她是如此笃定：他们每一个，也一定有着和自己同样的感受。是的，这种感受，来源于虞永平老师那淡然却坚定的目光，来源于张俊园长那亲切和蔼的笑容，更来源于一种对未来的心潮澎湃的憧憬。

她相信，每一个年轻老师都跟她一样，清清楚楚地看到了，虞老师在列举南京历史上的名园时，那一行一行闪耀的名字：杜威院（1921年）、鼓楼幼儿园（1923年）、南京市实验幼儿园（1955年），以及——南京市鹤琴幼儿园（2016年）。

啊，是的，南京市鹤琴幼儿园（2016年）！

多么明亮的夏天，这是2016年的夏天，一个美好而不寻常的夏天。

幼儿园的理想模样

在不同的人心里,幼儿园,一定有着不同的模样吧。

幼儿园是那栋花花绿绿、色彩斑斓的小房子。至于自己曾经在这栋小房子里的记忆,对很多人来说已经模糊在了遥远的岁月里。

幼儿园是那个跟伙伴一起滑的滑梯;

幼儿园是大家围坐在一起享用香喷喷的午餐;

幼儿园是老师亲切的拥抱;

幼儿园是一张又一张天真的面庞;

幼儿园是一个接一个好像永远不会完的游戏……

幼儿园是什么样子的?如果我们问出这个问题,每个人都会在回忆里,美化自己的幼儿园吧;每个人都会在想象中,建构梦中的幼儿园吧。然而，如果一所真实的幼儿园要运转，要落地，幼儿园的园长将要面临的是方方面面事无巨细的考量。无论有多少细枝末节都要一点一滴去实现，园长的心中，一定要先有个幼儿园大概的模样。

出任园长之初，张园长的心中也开始描绘这所幼儿园的图景，他在思考，这应该是一所什么样的幼儿园？

* * *

园服是必需的吗？

首先，幼儿园应该有一套什么样的、具有识别度的符号系统吗？如果设计一套园服，把幼儿园的理念添加进去，似乎是最容易立刻建立一种文化形象的方法。

他设想他踏入这所幼儿园时的场景，园服应该是什么颜色的？有一群什么样的孩子在园内欢笑嬉戏？他的脑海中闪现出一所又一所自己曾经参观过的幼儿园，那各种各样别致精美、设计精良的园服，确实是一道又一道美丽的风景线，令看的人赏心悦目，让穿的人满满自豪。

可是，他却又对自己在香港浸会大学附属幼稚园跟园长的那一次关于园服的对话记忆深刻。园长很骄傲地告诉他，这是全香港唯一一所不穿园服的幼儿园。他们认为，幼儿时期应该追求自由和独特的个性，而不是太过于整齐划一。是啊，那如彩

南京鹤琴：
一所没有特色的幼儿园

虹般绚烂的童年本就应该是多姿多彩的，为什么要让孩子在这么小的时候，就被规定必须成为哪种形象呢？如果孩子不喜欢园服的颜色和款式，他必须在这美好的三年中很多的时光里，穿着一套自己不喜欢的衣服上学吗？

衣服是有温度的。也许，里面有奶奶一针一线的爱意，有妈妈满心满眼的喜欢，有哥哥姐姐味道的印记；哪怕只是一个卡通形象，却可能是孩子最珍爱的。这一切都是孩子们生命体验的一部分。而分享这些体验，同样也是在分享彼此的生活和心情，分享每一个独一无二的自己。

如果说园服是幼儿园文化的某种外化展示，是幼儿园形象的某种识别系统，张园长更希望这种展示能通过老师的一颦一笑、孩子的一言一行、家长的一举一动自然而然地流淌出来。如果说，园服能让孩子对幼儿园产生满满的归属感，他更希望他们能够对自己产生强烈的认同感——我就是我，是不一样的烟火。他想，那应该更不容易吧，但如果真的可以做到，却又是多么令人高兴！在一个夏天的傍晚，他一个人静静地走在南京江心洲的沿江步道上，在这个并不远离尘嚣却安然静谧的小岛上，他行走着，思考着。一阵江风吹过，他忽然就决定了这一件事——鹤琴幼儿园将不配统一的园服，他希望这里的孩子是一群斑斓的孩子，每个人都有属于自己的颜色。

* * *

没有操场可怎么办？

鹤琴幼儿园的园所坐落于南京市建邺区一个叫作海峡城的小区内，园舍不大，很特别的是，幼儿园没有一个比较齐整的操场。唯一一块比较"整"的面积较大的场地，地面并不平，而是一小片高高低低的草地，好像一些微型的小山坡。在通常的印象里，操场对于一所学校来说是至关重要的。我们经常会看到许多家长在考察一所幼儿园的时候，会把操场的大小作为一个重要的考量指标，而具体到鹤琴幼儿园，甚至有妈妈建议把这些"小山坡"全部铲平，做成一块操场。

但是张园长却觉得，"小山坡"的存在也许会带来更多的乐趣！他想象着，孩子们爬上一个又一个的"坡顶"，把自己当作心目中的"超人"，风一样往下冲，那种帅气的模样。

他憧憬着，每个班级轮流在不同的地方做操，有的时候宽敞一点，有的时候窄一点，有的时候平一点，有的时候斜一点，他们这样从小班走到大班，从春夏走到秋冬，会不会总有不同的体验、新鲜的气息。

他猜想着，等到孩子们从幼儿园毕业了，也许过了许多许多年，他们回想起幼儿园的时候，会更加怀念这些小山坡，还是一个平坦的大操场呢？

…………

最重要的是,如果不是所有"硬件条件"都符合最理想的状态、最标准的配置,那么根据现有条件可以办好幼儿园吗?

他想试一试。

* * *

最不像老师的老师和最像孩子的孩子

幼儿园是育人的地方,所以,最核心的当然是"人",是里面的老师和孩子。这所全新的幼儿园里的老师和孩子会呈现出怎样的面貌呢?

各种各样的词汇一一在心里掠过,最终,他抓住了一个词——真实,这是一个非常重要的品质。这种真实不仅仅指向外部,也指向内心。

面对孩子,老师是真实的,他们是教师的同时,更是孩子的朋友。他们愿意跟孩子分享自己的内心和生活,愿意跟孩子一起面对困难,一起成长。他们不是万能的,偶尔也会有消极的情绪,但他们会学习着积极去面对,去排解。有时候,他们又可以成为孩子的宝葫芦,带来无数惊喜和欢乐。

面对家长,老师是真实的,在家长面前,他们不是权威,而是专业。他们能够与家长共情,并和家长共同站在爱的角度,为了孩子的健康成长而努力。他们能够让家长感受到绝对的坦诚,能够让家长免于焦虑、猜忌、忐忑和无所适从。

面对园长,老师是真实的,在园长面前,他们不表演,不伪装。他们愿意展示自己的热情和努力,更愿意表露自己的脆弱和力不从心。他们相信,真诚是对彼此最大的尊重。

面对老师,孩子是真实的。他们敢表达自己的内心,敢放肆地、开心地笑;他们不用小心翼翼地去捕捉老师的脸色和眼神,不用拿与年纪极不相称的心思去揣摩老师到底喜欢哪一个小朋友。

面对家长,孩子是真实的。他们不用担心老师对家长进行多少负面的反馈,为了达到老师的要求和标准,家长又要对他们进行什么样的训诫和批评,甚至责骂。

在鹤琴幼儿园开园一段时间之后的一次教研活动中,南京师范大学的邱学青老师对幼儿园给出了这样的评价:"一群最不像老师的老师,却教出了一群最像孩子的孩子。"

这句话怎么说得这么好,怎么可以如此感性又如此准确、精炼?

"最不像老师的老师",是不是还原了一个个更真实的、鲜活的人?"最像孩子的孩子",是不是恰好也是如此呢?

幼儿园的模样,细微之处,处处要用心;空白之地,一一待擘画。但张园长的心中,已经粗略勾画了一个大概的样子——那是属于孩子的幸福花园的模样。

一定要开公开课吗？

鹤琴幼儿园作为南京师范大学的教学实践基地，常常要接待不少来自全国各地同行的访问。让前来参观的老师们观摩一堂公开的展示课，似乎是一个不可或缺的环节，一种约定俗成的做法。鹤琴幼儿园是否也要这样做呢？看到那些刚刚进入职业生涯的老师们在课堂上呈现出来的状态时，张园长在心中打了个问号。

* * *

蔬菜全被看到啦

琪琪老师站在听课老师和小朋友们面前，故作镇定。作为一个新手教师，她对于如何驾驭课堂完全没有把握。这一次，她要给孩子们上一节科学课——"蔬菜"。她非常仔细、认真地准备了教案，在上课前一遍又一遍地熟悉，甚至让自己的妈妈当"小朋友"，在家里进行演练。她想，虽然不一定能上出一节特别精彩的课，但把流程都顺一遍起码是可以的。

让她始料未及的是，她不但没能把课顺畅地上完，相反，她觉得自己没有"落荒而逃"已经是一个奇迹。

她精心准备了一个筐子，里面放了各种各样的蔬菜，并用一块布盖了起来，准备让小朋友们去摸一摸、猜一猜。她用一个谜语引出话题："小朋友们，琪琪老师今天带来了很多你们在生活中经常能看到的好朋友，但是，它们躲了起来，只有你们猜中了老师的谜语，它们才会出来哦。下面，老师就带着大家猜一猜。听好啦！红公鸡，绿尾巴，一头钻进地底下。"

没想到，她的话音刚刚落下，小朋友们就都答了出来："胡萝卜！"这时，一个小男生忽然说："这也太简单了吧，我们都中班了，还猜这么简单的谜语啊？"其他的孩子也附和着说："就是呀，老师，太简单啦！"琪琪老师愣了一下，她赶紧说道："好，那老师再让你们猜一个试试！你们听好了……"

也许是琪琪老师准备的谜语过于简单，也许是小朋友们知识很丰富，反应很敏捷，大家很容易地猜出了所有的谜底，连连说"太简单了"。

琪琪老师懵了，这和她预设的情境不一样呀！她那些预设的"提问"、事先准备好的"答案"，此时全无用武之地。可她正身处课堂中,容不得细想,"懵"完了,还得继续上。她草草把这个环节收场,过渡到下一个环节:想利用盖着布的蔬菜筐子让孩子们来猜"盲盒",让孩子们体验"不知道下一个是什么"的乐趣。

她把放蔬菜的筐子放到面前说:"好了,那下面呢,老师想请小朋友们来隔着布摸一摸,然后猜一猜你摸到的是什么蔬菜。"

接下来发生的事情让她感叹,一开始的那个下马威只是"小菜一碟"。几个男孩子忽然趴到地上,爬到她前面,把盖在筐子上的布"哗"地一下掀掉了,然后哈哈大笑,说:"老师,你的菜全都被看到啦!有胡萝卜,有青菜,有西红柿,还有土豆!"琪琪老师慌乱了起来,她本来的计划是请小朋友一个一个上来摸蔬菜,然后如果哪一个小朋友猜对了,她就会把"蔬菜朋友"拿出

来让大家看。可她始料不及的是，他们的这一"掀"，让这些蔬菜来了一个"集体亮相"。她只得草草介绍了一下几种蔬菜，又结束了这一个环节。

一堂课只有二十几分钟，但对那一天的琪琪老师来说，这短短的一段时间却显得尤其漫长。课终于结束了，她最大的感受是，反思都不知道从何处入手，因为"每一个环节都糟糕透顶"。

在工作一年之后，琪琪老师再回过头去看，想到那个手足无措的自己，不禁哑然失笑了。现在的她会想，如果当时自己基于孩子的经验去筛选谜语，把放蔬菜的筐子换成束口的布袋，懂得制止孩子的一些不当行为，敢于直面不在自己预期内的问题，一切应该会好得多。然而，每一个老师都是这样成长起来的。这个过程也好像是摸"盲袋"，当新手老师在路上的时候，他永远不会知道下一个让自己棘手的问题会出现在哪里。

* * *

摘果子的方法

梦如老师要在音乐教研组上一节公开课。她的预设很简单：选择一个成熟的教案，练熟需要演奏的曲子，最后让孩子们能开开心心地唱起来、跳起来就可以了。结合班级开展的主题，她选择了一个中班的韵律活动"摘果子"。

上课的当天，她发现她太"高估"孩子们了——他们不可能按照她希望的那样去"配合";她也太"低估"孩子们了,他们脑袋瓜里的想法多到让她应接不暇。

她先是问了小朋友们一个问题:"孩子们,你们想一想,我们要怎么样摘果子呢?"她的本意是想让孩子们做出"摘果子"的动作。可孩子们哪里有多少真正"摘果子"的经验?他们想到的,也许是怎么配合园艺师傅聂伯伯在幼儿园里摘果子呢!

有的孩子说:"我们可以爬到梯子上面摘果子啊。"有的孩子说:"我们可以用长长的杆子把果子顶下来。"有的说:"如果是比较小的果子,也可以用杆子敲下来!"梦如老师慌了,她不知道该怎样去接话了……她只好说:"小朋友们讲的都没错,不过呢,今天老师是想问大家,知不知道摘果子的动作是怎么做的?"她把小朋友们拉回到自己预设的情境中来,并示范了动作。然后,她并没有看一看小朋友们掌握动作的情况,而是急匆匆跟着教案往下走。其实,很多小朋友一直没有学会做她教授的动作,到最后,大家和着音乐又蹦又跳,乱作一团。

梦如老师紧张得快要崩溃了,她凭着直觉应付,把整堂课"拖"完了。回到自己班级之后,她恨不得躲在班级里不出来,不参加后面的教研环节了。

后来,每当她想到这节音乐公开课,就觉得当时的自己像一只"鸵鸟",只想把头埋在沙子里,其他的都没有办法去考虑了。而事实上,该面对的,一样不少。就好像,当她问一个孩子听了音乐后有什么感觉,孩子答道:"没有感觉。"这当然不是老师期待的答案,可真实的孩子就是这样的,当时的情境就是这样的,难道一定要有一个精准匹配答案的"感觉"才行吗?这时候,考验的其实是老师对课堂的"感觉",而正如孩子的答案那样,这一切本来很正常,对于一个新手教师来说——没有感觉也是一种"感觉"。

* * *

我要吃西瓜

屏屏老师要在小班上一节美术课,考虑到小班孩子的年龄特点,她选择了带孩子们运用贴印和画线条这样简单的方式来完成一幅关于"西瓜"的作品。

她到菜场买了大大小小好几个西瓜,想让孩子们观察不同颜色、不同花纹的西瓜,选择自己喜欢的样子进行绘画。

可是,当她把西瓜摆到孩子们面前,试着去引导他们观察西瓜的时候,孩子们似乎对西瓜的模样并不感兴趣。

她说:"今天老师带来了好几个西瓜朋友,小朋友们,你们看一看,这些西瓜朋友都长什么样子呢?它们有什么不一样吗?"

一个孩子忽然说:"我知道那个小小的,那个西瓜里面是黄颜色,不是红颜色的,我觉得黄西瓜更好吃。"

她愣了一下,想要继续把话题引回"美术"这个方向上来,她问道:"那小朋友们,你们可以说一说你最喜欢哪一个西瓜的样子吗?"

另外一个孩子说:"我喜欢那个大大的、深绿色的西瓜,里面是红色的,我喜欢吃红西瓜。"

屏屏老师还想继续往下引导,可是听到两个小朋友都提到"吃西瓜",孩子们忽然一窝蜂跑到她放西瓜的小台子前面,把她团团围住,嘴里喊着:"老师,我要吃西瓜,我要吃西瓜!""老师,给我们切西瓜吧……"

那一堂课是怎么结束的,她一直记得清清楚楚——她慌乱地把孩子们劝下去,让他们在座位上坐好,然后有些晕乎乎地继续往下一个环节走……等听课的老师们终于离开后,她把西瓜切开,满足了孩子们对"吃西瓜"的渴望。她可能很难忘记当时那种无可名状的难堪,感受到了一个新手老师在上砸了一堂课之后的心情。后来很长的一段时间里,当屏屏老师想起那一幕,依旧心有余悸。孩子们大口大口吃着切好的西瓜,他们招呼她:"老师,西瓜好甜啊,你也吃一块吧。"她笑笑说:"你们吃吧。"她平时是多么爱吃西瓜啊,可在那一刻,眼前的那一大盘红黄相间的鲜艳,都变得索然无味了。

新手老师们如果总是体验到这样的情绪,不是一个好的信号。否定、怀疑、沮丧……教育本是育人的美好事业,不应该让人这么颓丧。

张园长想:上好一堂课,当然很好。然而,孩子一天在园的时间那么长,集体教学不过就是区区几十分钟。是不是先让老师们学习和感受如何跟孩子们一起度过有意义的每一天?是不是让老师们先尝试着讲一讲他们跟孩子们相处在一起的故事?

于是他对老师们说:"课上不好、管不住孩子没有关系。等你们以后有了经验,这些都不是问题。幼儿园的一日生活都是课程。生活中永远都有教育的机会,生活中的师幼互动更真实、更精彩。"

放下了对公开课的执念,老师们的压力小了不少。他们慢慢地学习,慢慢地建立自信。孩子依然会带给他们挑战,但当这种挑战不是以一种集中在一个"现场感"很强的时空中忽然连续出现的时候,他们可以更加从容地去应对了。作为一名教师,他们首先学习的是,如何用一颗纯净的初心跟孩子们一起去感受万物、共同生长。他们和孩子们一起包彩色的饺子,一起制作晾衣架,一起养小蝌蚪,一起下旅行棋,一起在阳光穿透而过的玻璃上作画,观赏图案投射的影子。也许,就像孩子们画出来的"光影"那样,虽然稚拙,虽然简单,却跟他们所向往的生活一样,就是他们充满童真的心里最"合情合理"的模样。

到鹤琴幼儿园来参访的老师,他们在这里没有机会观摩到各种公开课,却有机会听老师们讲述他们亲身经历的课程故事。这些故事后来汇集成了一本书,书名叫作《看得见儿童 找得到课程》。

有你就幸福

这似乎是一个平常的下午,作为鹤琴幼儿园的保育员,蒋老师照例在孩子们放学后留在班级的盥洗室里清洗这一天用过的毛巾。她的心情很不错,伴着哗啦哗啦的流水声,她轻轻哼起了歌儿。这一天是她的生日,一大早,她就收到了分管保育工作的徐老师代表园部发来的信息:"蒋老师,今天是您的生日,园部送上鲜花一束,祝您生日快乐!"那一束漂亮的淡粉色洛神玫瑰把她这一天的好心情映衬得更加美丽。她边洗着毛巾,边想着回家以后一定要把这一束花好好地插到花瓶里。

这时候,班里一个叫陈一林的小男孩忽然冲了进来,他拉着蒋老师的衣服说:"蒋老师,快快快,快出来吹蜡烛!"蒋老师对他说:"没有蜡烛吹啊!"他急得小脸都红了:"有!有!我要吃你

南京鹤琴：
一所没有特色的幼儿园

的蛋糕！你能把你那城堡给我吃吗？"蒋老师忙说："可以，可以。"可她也不知道那是个什么样的"城堡"，一林急匆匆把她拉到了教室里。

她看到了什么？！一排笑意盈盈的脸：班里的叶老师、吴老师和同在幼儿园做保育员的几位好朋友，她们齐齐地望着她，映照着隐隐的烛光，每一个人的脸上都是真诚的祝福。她看到了那个"城堡"，一个像薰衣草花田那么美的淡紫色蛋糕，映着深紫色的城堡和朵朵白云，一种很强烈的幸福感忽然间好像要把她淹没了。她想说点什么，但是不知道从何说起，眼泪忽然流出了眼眶，她下意识地用手擦了擦。

叶老师说："蒋老师，今天是您的生日，我们为您举办一个小小的生日会，虽然简单，但这是我们真诚的心意。"蒋老师激动地说:"谢谢,谢谢!叶老师,我不知道该怎么说了,我太开心了。我们在一起,就像一家人一样,就像大蒜瓣一样紧紧抱在一起,互相包容,互相帮助。我真的觉得很温暖,我今天整五十岁了,这是我过得最幸福的一个生日,谢谢你们!"

"祝你生日快乐,祝你生日快乐……"这一首再熟悉不过的歌,这一刻,好像被赋予了全新的意义,变得完全不一样了。和着这旋律的每一个人,都像蒋老师的亲人一样,他们总是给她自然的关心和点点滴滴润物无声的帮助。

切蛋糕啦!一林得到了他最想要的城堡,他小心翼翼地用手捧着,舍不得马上吃掉。大家开心地分享着甜甜的蛋糕,就好像一起在生活里分享其他的种种那样……

蒋老师想起了叶老师刚刚来到这个班上的情景。她的好朋友朱老师,本来一直是跟叶老师搭班的保育员,因为人员调整,叶老师调到了蒋老师所在的班级。朱老师打趣地对叶老师说:"以后没人帮你看数学区咯,蒋老师虽然做事情非常非常细、非常非常认真,但是她不喜欢带小孩的。"叶老师听了之后,她想一定要跟蒋老师谈一谈。

班组开会的时候,叶老师说:"蒋老师,我听朱老师讲,你做事情非常认真,班级里的物品都弄得干干净净、井井有条,真是太好了。不过呢,你也可以尝试跟小朋友们多交流交流,以后可能我们会经常需要你参与小朋友们的区域活动呢。"蒋老师听了,心里"咯噔"一下,要说做好保育员的本职工作,她对自己的能力信心满满,跟孩子有关的一切清洁、盥洗等工作,她永远一丝不苟。可是，说到跟孩子互动，她一直不知道该怎么做才好，一遇到小朋友，她都不会说话了。但叶老师的话她放在了心上，回家以后，她越想越着急，实在等不到第二天，傍晚就赶紧给自己的好朋友朱老师打电话请教，因为整个幼儿园的人都知道，朱老师对待孩子"很有一套"。

朱老师告诉她，其实跟孩子们交流并不难，关键就是要让他们觉得老师是关心他们、爱他们的，老师对他们的事情也是感兴趣的，愿意"听他们说"，也愿意"跟他们讲"。朱老师还跟她分享了一些"技术层面"的心得：在带班老师开会自己值午睡的时候，可以轻声跟入睡比较迟的孩子聊几句；可以在孩子游戏的时候，跟他们"请教请教"；可以经常对他们笑一笑，让他们感到亲切；说话的声音不能太大，不要让他们觉得"怕"，也不能太小，不要让他们觉得"有距离感"……

蒋老师越听越紧张，她问朱老师："道理我都听懂了，可是具体怎么做，你能说得更细一些吗？"

朱老师说："比如，怎么让小朋友觉得你关心他们呢？我一般都是比较关注那些'弱一些'的孩子，因为老师们大部分时候关注的是全班小朋友。我们在完成了保育工作以后，可以把注意力放在某几个小朋友身上，特别是那些小班刚进来的很胆小的、爱哭的小朋友，或者中大班的时候插班转学来的孩子。他们没有朋友啊！很多时候一个人坐在小角落里，也不说话，这时候，你就可以走过去抱抱他，跟他谈谈心。"

蒋老师眼前一亮，觉得朱老师那里肯定还有太多这样的"宝藏方法"，她可不能放过。她继续追问道："那叶老师让我看区域活动，这时候我该怎么做啊？这是我最怕的。"

朱老师说："区域活动分很多块，有的小朋友喜欢这个，有的小朋友喜欢那个，但是，每天都要引导他们认真、感兴趣地玩。这时候，我一般喜欢用比赛的方法。我们班原来有个害怕跳绳的小朋友，看到老师要大家跳绳，他就跑了，从来不肯参与。我就对他说，我们俩来比赛跳绳，我有时候故意输给他。他越来越喜欢跳，到后来，他主动要求跟我比赛跳绳。在区域游戏里也一样啊，有时候，我们可以跟小朋友比赛，比如搭建东西，比比他们快还是我们快。再比如，玩数学区域游戏的时候，可以引导两个小朋友进行比赛。对赢的小朋友表扬、鼓励，输的小朋友呢，可以对他说，没什么关系嘛，下一盘谁赢还不一定呢。"

蒋老师一条一条记录下来，又问："那如果他们不听我们的怎么办？有时候他们只听带班老师的。"

朱老师说："这就是树立威信的问题了。其实在班级里，带班老师更像是爸爸妈妈，我们相对溺爱孩子一些，有点像爷爷奶奶的角色。但是，不能因为爸爸妈妈不在就无法无天啊。老师们的学习非常多，午睡通常都是我们值班，这是一天当中很重要的环节，有两个半小时，还存在安全问题。你想想，那个高低床，上面的调皮小孩经常把被子往下放，下面如果也是个调皮鬼，两个人都可以玩起'钓鱼'的游戏来，这是非常非常危险的。保育老师没有威信那是不行的，所以，平时对他们提要求时，也要说一不二，可以不凶他们，但是该怎么样就怎么样，不能他们撒个娇就算了。否则他们不会服你的。你要让孩子们知道，你说话也是算数的，不管带班老师在不在，都要听保育老师的话。叶老师会配合你的。"

蒋老师说："你说的这些，我都牢牢记住了。我还想问一下，那总有几个不爱吃饭的小孩，吃得慢，甚至还会哭的，这时候你有什么好办法吗？"

朱老师说："很多时候，他们吃饭困难，是心理上觉得困难，有的小孩吃得慢，有的小孩吃得少，他们会觉得自己吃饭不行，不如别人。他们看到一大碗饭，一口还没吃就哭起来的也有。我一般都会给这样的小孩先少盛一些，遇到难嚼的菜，我就调整量，多给他们一些容易嚼的菜。小孩之间互相也不太看别人添了什么饭菜，这时候，这些小孩会忽然觉得：'咦，我好像吃得很快嘛，有时候甚至比别人还快。'他们吃饭的状况就慢慢改善了，后面再根据情况，慢慢添加量。"

蒋老师说："太好了，太好了！我以前光顾着严格要求自己一定要把班级里的一切都搞得干干净净、清清爽爽。现在我忽然觉得跟孩子的互动也很重要。"

朱老师有点小得意，她说："那是当然了。常规工作对于每个保育员而言都一样。但是，不一样的是每个人的习惯、性格、带给孩子的东西。工作中我们应该经常开动脑筋想想办法。我给你举个例子，我们班的旺仔刚来的时候，无论如何都不敢去厕所小便，一冲水他就怕得发抖，觉得自己会被冲走，一直憋着。发现了这个问题后，我就事先把会自动冲水的龙头关了，我把他抱到小便池旁边,对他说,朱老师踢它两脚,就不会冲水了。我就每次在小便池边假装踢两脚,他一看,真的不会冲水了,他慢慢就敢自己去小便了。每一次,我看到他要去,赶快先把水龙头关上。他会自己踢两脚。后来,我告诉他,你看,你现在已经敢小便了,其实,一点不用害怕,水是冲不走小朋友的,但是可以把厕所冲干净。最后,我把水龙头打开,他也不怕了,能正常小便了。"

蒋老师听了,心里暗暗感叹,朱老师做得真好。她想,自己也要像朱老师那样,做一个优秀的保育员。在后来的日子里,她时刻提醒自己,按照朱老师的方法去跟孩子们互动。有空的时候,她也经常向朱老师请教更多跟孩子们相处的"秘诀"。她的耐心和爱心也得到了家长们的真心回馈,在她的手机里,有很多条感谢的微信,字里行间都是家长满满的感恩之情,这让蒋老师觉得很暖心。

慢慢地,她发现,孩子们跟她越来越亲了。有时候,有的孩子生病了,或者出门旅游,请了几天假,她还怪想他们的。

一天,叶老师无意间说起最近进行的区域游戏,数学区可能需要添置玩教具了,蒋老师听到心里去了。她默默想着,自己也要像朱老师那样帮助叶老师制作玩教具。她研究了老师的教学设计,充分地理解了教具的做法和这些做法背后的原因。于是,在保育工作之外,她忙里偷闲,用毛线搓出了五颜六色的绒球,有大小两种型号;她还把扑克牌的牌芯整整齐齐地"抠"出来。她把它们交给叶老师:"叶老师,你看看,我做的数学玩教具可以吗?这些绒球,大的放到大框子里,小的放到小框子里,我看你们教案上讲的,这样的话,孩子们在认识数字的同时,还可以辨别大小;还有这个扑克牌,孩子们可以把芯子和框子来配对,他们就可以认识颜色、形状和数字。"叶老师感到好惊喜!她对蒋老师说:"蒋老师,你做得真好!看来,朱老师不仅会带小朋友,带大朋友也是没话说呀。蒋老师更是青出于蓝而胜于蓝,你们真牛!"

蒋老师不好意思地笑了,她体会到了一种成就感。这种感觉是一种可以给人带来幸福的"魔法",像那个淡紫色的生日蛋糕,似乎可以甜到心里最深最深的地方。

暖暖的鹤琴之家

张园长明白,想要实现建园之初自己心中的那个愿景——幼儿园就是大一点的家,必须让园里的每一个人都感觉到真正的安心、自在和踏实,拥有满满的家的温暖。为此,他和管理团队的老师们想了很多办法,付出了很多努力。作为一个还要兼顾大学里的教学研究任务的、不是每天都能在园的"大家长",他欣喜地看到鹤琴幼儿园真的越来越有"家"的模样。

* * *

老师们的"花式早餐"

鹤琴幼儿园的食堂里,大厨正望着这一天的早餐剩下的大半锅粥发愁。他本来计划得好好的,每一位老师都有满满一碗的分量,但很明显,不少老师今天都没有盛粥,他们大多数都只拿了一个鸡蛋和一个包子。

"是大家不喜欢喝粥吗?还是白粥太单一了?是不是该弄点皮蛋瘦肉粥或者别的什么?"大厨开始思考……

这是一所新建没多久的幼儿园,园内教师队伍基本以"90后",甚至"95后"的年轻人为主。面对这么年轻的教师队伍,在管理的时候,要根据他们的性格特点"想在问题前面"。他们喜欢吃什么样的早餐呢?这不仅仅是大厨很关心的问题,也是张园长这个"大家长"非常在意的问题。

并不是所有的幼儿园都为老师提供早餐的,但张园长考虑到鹤琴的老师大多数是单身,他们当中的很多人对于吃早餐很敷衍。很多时候,也许一片面包、几片饼干就随便凑合一顿。而且,可以想见,也许为了能多睡一会儿又不迟到,他们干脆就不吃早餐了。

不吃早餐,一天的精神状态可想而知,长期来看,还会严重损害身体健康,因此,为了不断提高老师们的早餐质量,园部克服了不少困难。

开始的状况也不尽如人意。老师们都明白不能浪费,于是大家为避免浪费,不喜欢的就不拿取,最后好多剩下来,结果还是一样。况且,厨房计算的量是正好的,每天剩下这么多,说明还是有老师并没有吃饱。

不过,自从厨房推出了最新的"花式自助早餐",一切都不一样了……

令人"眼花缭乱"的早餐，成了催促年轻老师们起床的另一个"小闹钟"。每当新的一周到来，老师们总是会在橱窗里留意一下早餐的安排。

周一：牛奶、鸡蛋、稀饭、花生豆浆、油条、玉米棒、苹果。

周二：牛奶、鸡蛋、稀饭、小花卷、红薯、蛋炒饭、香蕉。

周三：牛奶、鸡蛋、稀饭、鸭血粉丝汤、香蕉、烧麦。

周四：牛奶、鸡蛋、稀饭、酒酿小元宵、小面包、小花卷、千禧小番茄。

周五：牛奶、鸡蛋、稀饭、小馄饨、小面包、哈密瓜。

厨房会保证每人每顿早餐有一个鸡蛋、一份水果、一定量的牛奶或稀饭，至于其他的"花式"，则仅仅配七成左右的量，老师们先到先得。

食堂自从推出了"花式早餐"，基本上不再有食物浪费的情况，老师们到园也更早了。

有时候，门卫杨师傅也会跟老师们开开玩笑。老师们一早来了，跟他打招呼时，杨师傅会打趣他们："今天来得这么早啊，难道今天早上又吃鸭血粉丝汤啦？"

南京鹤琴：
一所没有特色的幼儿园

* * *

"变来变去"的保育老师

这一年四月的尾巴上，在南京和煦的春风里，鹤琴幼儿园迎来了一批很有"缘分"的客人。他们是来自浙江上虞幼儿园的园长参访团，到鹤琴幼儿园跟岗学习。浙江上虞，是陈鹤琴先生的故乡。

大三班的教室里，几位园长正准备观摩一节美术课。这时候，一位老师戴着一副橡胶手套走了出来，孩子们喊她"潘老师"。园长们根据自己的经验，判断这位老师是班级的保育老师。但是，没多一会儿，她们就开始对这个判断不太有把握了。

美术课开始了，在集体的讨论之后，带班的钰杰老师让孩子们开始自由作画。这时候，刚刚戴手套的潘老师来到孩子们中间，开始跟他们交流起来。

孩子们正在画的是去中山植物园郊游之后的印象，潘老师对一个孩子画出来的一辆大巴车说："我怎么看不出这画的是中山植物园呀？中山植物园什么最多呀？"孩子添画上了各种各样的植物。他问潘老师："潘老师，你看，这下是不是像植物园啦？"潘老师又对他说："那小朋友们在哪里呢？"孩子对她说："我们正在上车呢！"接着，孩子添画上了自己和小伙伴们在车门前排队上车的情景。

园长们疑惑了：潘老师戴着手套，似乎正在进行保育工作；

可潘老师对孩子们进行的这些有针对性的指导,又仿佛她就是带班教师。那么,她到底是不是保育老师呢?

这个谜底在午饭的时候揭开了,园长们看到潘老师推着餐车进了班。这时候,有一桌的孩子还没有做好午餐准备,他们正意犹未尽地在桌子上玩"拼豆豆"。潘老师蹲下身子,和蔼地对他们说:"我们要吃饭啦,不能玩啦,你们快收起来。这样,我给你们20个数怎么样?"孩子们急忙收起来,一边收一边说:"不行,不行,20个数来不及,要30个数。"潘老师说:"好吧,那我就给你们30个数吧!"这时候,潘老师根本没有去数,但孩子们自己就主动有节奏地数了起来:"1,2,3,4,5,6……30!"数数完了,孩子们也把桌子收拾得干干净净,做好了吃饭的准备。

此时,园长们恍然大悟,他们心中的两个谜底同时被揭开了:潘老师到底是不是保育老师,以及,潘老师为什么会让他们感到疑惑。

* * *

在 一 起

"冬季空调的使用规则是什么?"
"'清消消'的大概流程是什么?"
"为幼儿添汤的做法要点有哪些?"
…………

在鹤琴幼儿园的多功能室，老师们好像变成了孩子，把手高高举起，都在兴致勃勃地回答问题。

这是一场由园部策划发起的"保教知识大比拼"，参与者为各班的带班老师。题目分为必答题、抽签题和抢答题，内容包括保育老师需要注意的各种与孩子们在园生活有关的常规知识。所有的老师在比赛前不需要猜题、押题，因为题目范围都已经明确给定。然而，所有的题目都没有附上答案。那么答案从哪里来呢？这就需要带班老师们在准备的时候向保育老师们请教。

姗姗老师记得自己刚拿到题目时，就仔仔细细研究了一番。她对跟自己搭班的小琪老师说："哎呀，不看不知道，本来以为这些知识我们都了解得清清楚楚，但是如果要准确地回答，我还真不敢那么笃定地说自己肯定对呢。"小琪老师说："是的呀，上次潘老师请假，我发现平时在脑子里的保育知识用起来很不熟练，搞得手忙脚乱，真的要让潘老师好好帮帮我们。"姗姗老师肯定地说："潘老师绝对优秀，虽然做保育工作，但她还主动考了教师资格证。咱们班肯定没问题的！"

于是，在潘老师耐心细致的辅导后，两位年轻的带班老师信心满满地走上了"赛场"。

虽然大家都做了准备，但是，依然有老师答错或答漏。

七步洗手法是哪七步？请你做一做。哎呀，怎么平日挂在嘴边的七步洗手法，做来做去就只有六步呀？

配比消毒液的时候是先放消毒液还是先放水？哎呀，没有把答案准确地记牢可不行，保育工作可是非常专业的，很多问题的答案也许是"反直觉"的哦!

教室一天要开窗通风三次还是四次?一次是 20 分钟还是 30 分钟?哎呀,这时候还真的不能做个"差不多先生"……

姗姗老师和小琪老师的每一道题目都答得很棒,她们给了彼此一个会心的笑容。

活动结束回到班里,姗姗老师开心地对潘老师说:"潘老师,你告诉我们的答案都非常准确清晰,所以我们才答得那么好。这个奖有一大半是你的功劳。"小琪老师说:"是呀是呀,有的老师对自己的回答自信得不得了,结果发现是错的。我们跟她们开玩笑,回去要对保育老师讲'都是你说错了'!"

潘老师听了哈哈笑起来,说:"你们当时还说答错了要找我,我就说放心吧,肯定没问题!那这次答错的班级,下次要加油咯。"

张园长心中的鹤琴之家,一定不止一种模样。但这一种,是他最在意并愿意为之去努力的。这个"家"时时刻刻都是这样的:大家互相关爱,互相扶持,每一个成员都是一个重要的"家人"。

园长说：

教育即生长

杜威曾提出"教育即生长"的观点。他认为每个人都在生长，每时每刻都在不断生长。生长是生命的基本特征，也是生活的基本特征。因此，教育就是不断生长，就是保证生长的条件。他曾说："学校教育的价值，它的标准，就看它创造继续生长的愿望到什么程度，看它为实现这种愿望提供方法到什么程度。"

杜威的观点转换成朴素的话语来说，教育就是把孩子拉扯大，让他们健康地成长。由此就不难理解，为什么陈鹤琴先生作为杜威的学生，要把"做人"作为教育的基本目标了。

教育是成全人的事业。对于幼儿来说，教育是为他们一生的成长奠基。但这并不意味着成人就和教育、和成长再无干系。孩子需要成长，难道家长不需要成长吗？教师不需要成长吗？园长不需要成长吗？好的教育，应该是能成全每一个人的。

所以，我是抱着一种寻求成长的心态进入园长这个角色的。对于一所全新的幼儿园来说，什么是最重要的事？也许有人会说是建构课程、打造特色，但是我坚信，人是最重要的因素。如何让每一个人都能获得成长，才是我最关心的。我在开园的时候就对老师提出，我们要成为"鹤琴一家人"，也是希望所有和鹤琴幼儿园相关的人凝聚在一起，成为一个大家庭，同时也希望大家都能在陈鹤琴活教育思想的引领下，成为活的儿童、活的家长、活的教师、活的园长。

每一个园长都很重视园所环境的打造，然而，比有形的物质环境更为重要的是心理环境。人与人的关系是教育的基石。我们要关注师幼关系，更要关注家园关系、同事关系的建立。在我看来，无论是什么关系，他们的内在逻辑都是一致的。我们希望教师如何对待幼儿，园长就应该如何对待教师。我们要激发幼儿的生长活力，我们要对幼儿"静待花开"，我们要教师与幼儿之间形成相互尊重和平等的关系，首先要做的就是在幼儿园教师队伍中营造这样的文化。

作为新手园长的我也曾很困惑，如何才能让这群刚刚从学校毕业的新手教师们快快成长。当我目睹他们一次次的教学"翻车"现场和无助的神情后，忽然醒悟过来，上好一节课对教师来说固然重要，可是他们更需要的是拥有犯错误的权利和对实践的反思能力。因此我常常提醒自己，教师的专业成长是一辈子的事，不必在意他们当下的进步是快还是慢，而更应该关注他们是不是能保持持续生长的动力。

至于后勤团队，我同样相信他们具有成长潜力，但前提是要唤醒他们的成长自觉。首先是让他们感受到被尊重、被需要。我对老师们说，保育员虽然学历和文化水平不高，但是人生阅历更丰富，她们在专业上需要向老师学习，但在生活上老师们也许要向她们请教。事实上，当保育员发现自己也能参与到课程中，也能帮到老师，也能成为孩子的教育者时，她们也就有了成长的体验，有了不断学习和进步的动力。

分不开的教育与生活

从天而降的影子游戏

柳柳老师和小邬老师一早来到教室,为和小朋友们一起迎接新的一天做准备。忽然,电灯闪了两下,熄灭了。柳柳老师说:"呀,不会是停电了吧。"小邬老师往窗外望了望,只见整个天空密密堆积了很多乌云,太阳完全不见了踪影,感觉马上就要大雨倾盆的样子:"真的停电了,好像整个海峡城都没灯光了。"

这时他们注意到,班级群里有家长开始给老师留言,说海峡城小区大面积停电,电梯运行不了,今天可能要迟到。鹤琴幼儿园的孩子几乎全部来自海峡城小区,而该小区属于高层建筑,很多小朋友都住在非常高的楼层,如果一人早停电,就意味着他们必须等待来电,或者——慢慢走下楼梯!柳柳老师迅速在群里响应:"特殊情况,安全第一,请家长们都不要着急。什么时候到园都没关系。"

小朋友们陆陆续续地来到了幼儿园,柳柳老师和小邬老师安排他们到窗边比较明亮的地方玩晨间桌面游戏。这时候,一个非常棘手的问题摆在他们面前:这一天的教学活动该如何开展呢?因为这一天的课程正好要用电脑播放PPT课件,也需要用电视。没有电的话,之前准备好的主题还能开展吗?

柳柳老师说:"记得高中的时候上晚自习,偶然停电一次,还觉得挺刺激的,大家都很高兴。"小邬老师说:"是哎,今天的天这么黑,没有电,再继续按照计划开展,多没劲啊。不如咱们今天就带着小朋友们开展一些更有趣的活动吧。"柳柳老师十分赞同:"太好了,又阴又雨又黑,不如玩个开心,我也是这样想的!"

两位老师一拍即合,有种既定秩序被打破的兴奋感。虽然没有太多的时间可以去思考,但柳柳老师和小邬老师却很快商量好了当天的教学内容。事实证明,那天的活动深受小朋友们欢迎。

过了半个多小时,孩子们基本到齐了,大家都互相讨论着早上停电的事儿。

"柳柳老师!"最后一个小朋友刚到园就兴奋地说:"今天停电了!我是走楼梯下楼的!"

"我们也是啊,我们都是停电了自己走楼梯下楼的。"其他小朋友听到她这么说,好像在听一个已经讲过太多次的故事。

"你们是从几楼下来的?我可是从32楼走下来的哦!"小海说。"哇!"大家一阵惊叹,仿佛看到了一个从战场上凯旋的英雄。

"我是28楼!""我是16楼!""我是9楼!"……小朋友们

纷纷报出自己家的楼层,好像楼层越高,声音也越高。糖果看着大家争先恐后地发言,好像有些失落,柳柳老师知道她住在一楼。糖果没有说话,似乎她觉得这个时候报自己是一楼,是一件挺没劲的事儿。孩子的世界多么有趣啊!难道,一楼的人这时候不应该觉得最幸运吗?

老师们看到这样热烈的"报数现场",觉得早上商量好的"晨谈"活动可以按下启动键了。他们组织孩子们一起讨论:早上发现小区停电,除了没办法坐电梯了,家里发生了什么状况?最后,自己是怎么样走下楼的呢?可以谈谈心里的感受吗?

"我们的生活需要各种各样的电器。今天,我们遇到了停电的状况。那么,停电的时候,除了不能乘坐电梯了,其他各种各样的电器会出现什么样的状况呢?会给我们的生活带来什么样的影响呢?"

大家叽叽喳喳议论起来,每个小朋友都有不少话想说。

"停电了,就看不了动画片了!"

"停电了,榨汁机就不能工作,只能直接吃水果了。"

"如果停电了,天气又很热,那空调开不了了,冰箱也没电了,正好赶快把冰激凌拿出来吃掉。"

"晚上停电了,就没有灯给我们照明了,要在家里点蜡烛。"

没想到,电对人们的生活影响这么大啊。大家讨论后发现停电的生活简直又狼狈又带劲。

柳柳老师抓住了小朋友提及蜡烛的回答,她问:"现在外面下大雨,没有太阳,教室里很黑,老师也没有准备蜡烛,但老师想到了一个很好玩的游戏,你们猜一猜呢?"

"嘿,用手电筒玩游戏!"有小朋友猜到了。大家一起来玩"天黑黑"影子游戏吧。

柳柳老师用手电筒帮助小朋友们照影子,大家摆出各种各样的造型。你是小螃蟹,我是小兔子,你是小狗,我是小象……哎呀,怎么能少得了奥特曼?

然后,小邬老师又带着大家玩了萤火虫的游戏。小朋友们的屁股上,被追上了亮亮的小光点。一群萤火虫在教室里飞呀飞,一会儿你发光,一会儿我发光。大家好像来到了一个魔幻的童年剧场,每个人都是一个很棒的演员哦。

停电怎么可以这么开心呀!

"停电事件"过后的一天,又是一个阴雨天,在区域活动时间,柳柳老师发现圆圆没有加入游戏,正望着窗外发呆。她走过去,蹲下身子问圆圆:"圆圆,你在想什么呢?怎么不和大家一起游戏?"圆圆想了一下,俏皮地对柳柳老师说:"柳柳老师,我想问你一个问题。"柳柳老师说:"什么问题呀?"圆圆凑到她的耳朵边,轻轻说道:"什么时候还会停电呀?"

童年里的烟火气

　　小敏用饭勺一下一下拨着碗里的饭菜,用很小很小的声音说:"元元老师,我不想吃了。"元元老师一瞧,盛得满满的一小碗饭几乎看不出被吃过的痕迹。她蹲下身问小敏:"小敏,你是不是不喜欢吃茭白?"小敏摇摇头,泪水噙在眼里,一言不发。柳柳老师说:"今天,好几个小朋友吃饭都有一些慢哦,你们都不喜欢吃茭白吗?"一个小朋友说:"不是,我不喜欢吃胡萝卜。"一个小朋友说:"我不喜欢茭白,也不喜欢胡萝卜。"其他小朋友没说话,但是可以看出来,这一天大家都吃得不怎么好。这时候,保育员赵老师接过话说:"最近吃饭都不好哦,现在的小孩子吃饭真挑剔,挑食偏食的真不少。"

　　赵老师的话被班级里几位年轻的小老师记在了心里。他们都没有孩子，对于幼儿吃饭应该呈现出一种怎样的状态，仅仅来自直觉和想象的判断，而非源于经验。他们本来以为小孩子吃少一些也属正常，但听到有孩子的赵老师这样说，才意识到可能班上的孩子吃饭存在问题。他们不禁开始思考起来。

元元老师说："吃饭吃得不好，这个真的很影响孩子们的成长。"柳柳老师说："记得我小时候我妈说，爱吃饭的孩子就是好孩子。"小邬老师嘿嘿笑了："那看来我真是好孩子啊，我从来没不爱吃饭过呢！"三个人哈哈大笑。笑过了，问题还是要解决，怎样帮助孩子们呢？

三人商量了好几次，决定让孩子们好好感受一下食物是如何"走"上餐桌的，让他们对食物产生兴趣，愿意去了解与食物相关的知识，体验到"盘中餐"的"粒粒皆辛苦"。

大家商量后，决定开展一次"做一顿营养午餐"主题活动。

"那就从菜场开始吧。"柳柳老师说。"其实应该从农场开始。"小邬老师笑嘻嘻地打趣道。"我们先尝试尝试，说不定，下一次，真的可以实现从种子的发芽开始。"元元老师说。

说做就马上做起来，这是这群年轻老师特别相似的地方。到了那个周五，元元老师对孩子们说："小朋友们，这个周末，我们要跟爸爸妈妈一起了解我们中国人的饮食，学习怎样吃饭才是最健康的。你们还可以请爷爷奶奶跟你们说一说，该怎样去菜场买菜，有哪些需要注意的事项。下星期，我们要真正地去一趟菜场，你们要自己选菜，自己买菜，最后把它们变成香喷喷的饭菜哦。"

第二周的周一早上，大家一入园，就叽叽喳喳地缠着老师问：

"老师,今天逛菜场吗?"柳柳老师说:"不急呀,我们先要练习练习,看看大家了解得怎么样。"

模拟菜场活动开始啦!

"老板,请问这个菜怎么卖呀?"

"老板,请问可以便宜一点吗?"

"老板,谢谢,再见!"

教室里,一个个小老板和小顾客的声音此起彼伏。大家像一个个小演员,还真的有模有样咧。

每一个看起来简简单单的活动背后,都有着老师们辛苦的付出。小朋友们要学习的是怎样制定菜谱,到菜场挑选、还价。而这背后,则是老师们事无巨细地跟家长们进行一次又一次沟通和交流。比如,哪一天正式到菜场买菜,可以配合绝大多数家长志愿者的时间;哪一天组队到各个小朋友家里做饭,能够尽量合理地安排所有孩子。最终,经过多次交流商量,他们决定周四到菜场买菜,周六分组到每个小组长的家里做菜。

这一周似乎过得有点儿漫长……大家天天讨论到菜场买菜和一起下厨房的事儿。经过多次讨论,每个小组都给自己取了一个特别满意的名字,它们分别是:奶酪组、好蔬菜组、蔬菜营养组、均衡剂组、小橘子组和超级蔬菜组。

周四终于到了。

小朋友可以去逛真正的菜场啦!大家戴着遮阳帽,排着整齐的队伍,跟着家长志愿者和老师来到了社区的菜场。很多小朋友是第一次自己买菜,激动得不得了。栋栋是超级蔬菜组的,只见他拿着清单，对老板说："老板，我要这把香蕉和六个苹果。"老板一算，说："好的，小朋友，二十八块钱。"柳柳老师说："你们组一共有多少钱，你们要想一想，后面还有东西需要买哦。"栋栋犹豫了一下，对老板说："呃，那就要一根香蕉和一个苹果可以吗？"老板算了算，说："四块三毛钱，就收你们四块钱吧。"太棒了，怎么有这么好的老板呀！超级蔬菜组的好几个小朋友开心地说："谢谢老板！"可这时然然却说："老板怎么这样，我们还没讲价呀！"涵涵说："对哦，下次我们要快点讲价，这样老板就不会先降价了。"

小橘子组要做的菜是番茄炒鸡蛋。他们先买了四个鸡蛋，四个西红柿，一共花了十元。还剩不少钱呢！好不容易出来一趟，怎么能不花光呢？小组员们商量了半天，决定再买一把韭菜和一个洋葱。可是，买过这些之后，阳阳发现还剩下十四块钱。

哎，买点什么好呢？艺舒说："要不买些米吧？"海清直摇头："不行，不行，米太重了，我们拎不动，而且……家里都有米呀。"这时候，小邬老师启发他们说："你们剩下的钱还挺多的，要不你们想一想，你们平时最爱吃什么呢？"嗯……爱吃什么呢？"鸡翅！"暄暄喊起来，"我们最喜欢吃鸡翅！"其他几个小朋友纷纷表示赞同："对，对，鸡翅，我们买鸡翅！"于是，他们又用剩下的所有钱买了八个鸡翅。

这一天多有趣呀！有的小朋友平时在幼儿园似乎不怎么说话，但在这一天却成了一个"砍价小达人"，让老师刮目相看——"老板，你看我们买了这么多，再便宜点儿行吗？"有的小朋友

> 南京鹤琴：
> 一所没有特色的幼儿园

平日里没怎么逛过菜场，老板送了一小把葱竟然让她开心了一整天——"今天菜场的阿姨送了我一把葱，有一把哦！"有的小朋友不停地数着自己组的钱，一直担心会不会马上就要花光了——"还有十块了哦，还有五块了，就剩一块了。"……

这是真正的"满载而归"，他们从菜场带回幼儿园的，不仅仅是一袋袋的水果、蔬菜，还是一个个体验生活的瞬间。

那些带着各种各样地方口音的吆喝，那些善意朴实的笑脸，跟那些在那个不寻常的周六端上餐桌的、全世界最美味的菜肴一起，在小朋友的心里定格成了一种想要珍藏的、难以忘怀的经历。

不管是在择菜，在掌勺，在分享美味，还是在刷碗，孩子脸上的笑容让老师们感觉到他们非常非常享受这童年里的烟火气。

周四逛菜场的时候，蔬菜营养组的小朋友们遇到了一个非常"豪横"的老板，他们一开始没计算好怎么花钱，一到菜场"哗哗哗"把钱花得只剩下一丁点儿，可这时候，他们最重要的一样食材——排骨还没有买。当老板发现他们所剩的钱根本没办法购买排骨的时候，他收下了他们最后的几块钱，然后把几大根排骨"卖"给了这群小家伙。

蔬菜营养组的小朋友们一起享用了一顿糖醋排骨大餐，爸爸妈妈告诉他们一个事实——这盘香喷喷的排骨，其实可以说是老板"赠送"给他们吃的。于是他们开始商量怎样谢谢老板呢。

商量来商量去，他们决定一起动手做一串漂亮的小风铃送给老板。一天午睡之后，老师带着他们再次来到了菜场的肉摊。

——拎着风铃，一边摇得叮叮当当，一边对老板说："老板，

你看,这是我们蔬菜营养组的小朋友给您做的风铃!谢谢您!上次买排骨我们的钱都不够,您还把排骨卖给了我们,帮我们完成了任务,做了糖醋排骨大餐!"

老板完全没想到,他很惊讶,也有点不好意思,笑眯眯地问道:"怎么样,我们家的猪肉香吧?排骨好吃吗?"

灏灏说:"香,真香,香得我们把盘子都舔干净了,妈妈说这是真正的光盘行动!"

"哈哈哈……"肉摊的老板爽朗地笑起来。他说:"那你们一定要告诉妈妈,下次还来我家买肉啊。"

梓涵说:"妈妈不逛菜场,我告诉奶奶啦。"轩轩说:"我也告诉奶奶了,但我不知道奶奶会不会找错了,要不老板,您把我们给您做的风铃挂在肉摊上,这样奶奶就不会找错了。"

"对,对,挂风铃,我也告诉我奶奶。"小朋友们觉得这办法真是妙极啦!

"小朋友,你的办法真好,我这就挂上。"肉摊老板边说边把风铃挂了起来。

"老板,再见!""小朋友们再见,谢谢你们,谢谢,谢谢……"他一连说了好多个"谢谢"。几根排骨,一串风铃,"馈赠"与"感恩"的快乐,在这一刻,全都包含在这仿佛完全不相干的两样东西里了。

肉摊老板目送着几个小朋友离开的背影。一个孩子转过头来,再次朝他挥了挥手,他抬手间不经意拨了一下风铃,那叮叮当当的清脆声便是他快乐的回应。

植物宝宝的"微信号"

快放暑假了,班级里各项工作都要进行一个学期的"收尾"。对于班级里的盆栽植物,孩子们可以带回家照顾,这自然是一个好办法。可是,还有一些"植物宝宝"是直接种在幼儿园地里的,根本没办法带走。倩倩老师想了想,决定跟孩子们一起讨论一下关于暑假里怎么照顾"植物宝宝"的问题。

这一天午休前聊天时,她装作不经意地问起孩子们:"快放假了,我们班级里养的植物怎么办呢?你们会担心它们吗?"

"会!"孩子们回答得干脆又响亮。

"真的吗?那你们担心它们什么呢?"倩倩老师追问道。

"我会担心没有人给它们浇水。"多多说着,用他胖乎乎的小手做了一个浇水的动作。

"我惦记我种的西红柿什么时候熟。"婷婷用很急切的语气答道。

"向日葵还会长高吗?上次我去看它,它只比我矮一点点了。"鑫鑫说着,在脑袋旁比画了一下向日葵的高度。

"向日葵会结葵花子吗?"梓铭问道。

"我们怎么知道西红柿什么时候熟呢?"跃跃说。

"没有人给小植物浇水,它们会渴死的。"豆豆跟婷婷想到的是同一个问题。

"我种的小花有花骨朵了,它什么时候才能开呢?"琪琪说。

他们互相之间开始讨论:"我上次好像看到绿绿的西红柿竟然有一点点红了。""才没有,我今天早上看感觉还完全是绿的。"

……

每一个小朋友都参与讨论了植物宝宝在暑假里需要哪些照顾,会发生哪些变化。他们已经把养护植物宝宝、看着它们生长和变化当作一件很自然又很重要的事了。

倩倩老师说:"老师听大家说了这么多,明白了,大家担心没有人给小植物们浇水,还担心看不到它们一天天的变化。那你们想想,暑假里我们可以怎么照顾小植物呢?"

大多数孩子都想到了这个办法:"我们可以把自己的植物带回家好好照顾。"

倩倩老师正好引出她心中的问题:"每个小朋友自己带来的盆栽可以带回家照顾,可是,幼儿园种植园地里的小植物不能移动,它们怎么办呢?"

小朋友们想了一会儿,举起了小手。

"让保安伯伯替我们浇浇水吧!这样植物就不会干死了。"豆豆说。

"老师帮我们吧!"米奇说。

倩倩老师说:"保安伯伯每天也有很多自己的事情要做。老师呢,假期里不在幼儿园。还有没有更好的办法呢?毕竟这些小植物都是我们亲手栽种,看着它们一天一天长大的呀。"

"我家住得近,我来给小植物浇浇水吧。"萱萱说。"我家也住得近,我也来。"熙熙说。

鹤琴幼儿园的小朋友几乎都住在附近。大家纷纷表示自己可以在暑假的时候到幼儿园来照顾植物宝宝。

倩倩老师说:"大家心里想着植物宝宝,想到要给它们浇水,都乐意在炎热的暑假里到幼儿园来劳动,老师想,植物宝宝一定会很感谢你们的。不过,如果我们没有约定好,会不会出现植物宝宝有时候喝水太多,有时候又太渴的情况呢?"

小朋友们说:"我们就像平时的小小值日生那样来安排一下吧!每一天都规定好是哪一个小朋友来给植物宝宝浇水。"

倩倩老师带着大家商量并讨论出了分配的规则,她还把分配好的名单制成了一张表格。大家约定,一定要在暑假里把种植园地维护好。

炎热的七八月,哪怕只是在门外站一会儿,马上就会出一身的汗。植物也需要比往常更多的水分。鹤琴幼儿园种植园地的小植物们是幸福的,它们每天都会迎来一位特别认真仔细的、不重样的"小园丁"。

  班里有三十个孩子,暑假期间每个孩子有两天要到园浇水。可是,植物的生长是每天都在进行的,孩子们当然也想看到植物宝宝在暑假里连续的生长情况。那怎么样才能让所有孩子每天都能看到植物宝宝呢?

  倩倩老师跟几位家长就这个问题进行了探讨,最后,他们想出了一个"妙点子"——为中一班的植物宝宝们注册一个专属"微信号"。这个微信号由一位家长管理,而每天来照顾植物宝宝的小朋友都有一个任务,就是拍下这一天植物宝宝的照片,还要请爸爸妈妈记录自己观察到的植物宝宝的变化,发给管理微信号的家长。

  在那个暑假里,每天看看这个特殊的"微信号"好像成了孩子们的一个习惯。每一天,中一班的小朋友们都在"云上"相聚,一起看着植物宝宝们慢慢地生长。

  "翊萱,我是倩好,你的番茄红透了,好好吃,我的也结果了哦!我拔拔草,不让杂草把番茄的营养抢走了。天不下雨,向日葵要枯死了,我来喂饱你们。"

  "我的向日葵长得好高,西红柿好像有点小,我要给所有的西红柿和向日葵都浇很多很多水,让它们喝得饱饱的。"

  "我们的向日葵开得好灿烂,引来好多蜜蜂。西红柿结果实啦,青青的,好漂亮!"

  "其其,你好!你的花开了!是不是很漂亮?"

  "连续好多天的高温天气,把小伙伴们的西红柿和向日葵全部晒枯萎了,今天我来给它们多浇点水,希望它们变得更加有活力哦!顺便帮小班弟弟妹妹的西瓜也浇点水吧。"

…………

一天又一天,植物宝宝们似乎在每一个孩子的眼前生长着。而在孩子们心中生长的,是责任心、友谊和对蓬勃生命的感悟。他们在见证大家给植物浇水的每一天当中,学会了坚持行动;他们在体会无论怎样挽救,一直关心着的辣椒还是枯死了的时候,学会了接受结果;他们在看到小蚂蚁把小西红柿全部吃空之后,学会了敬畏生命;他们在体验了晴雨交替的天气要给植物不一样的照顾之后,学会了思考方法……

他们一定还学到了更多。

生命实在太过于玄妙,也许我们永远无法参透,为什么人类要选择遗忘学前期发生的很多事情。是的,也可能,我们的记忆越往前追溯,教育过我们的老师们,他们的面容会一个比一个模糊;经历过的各种各样的事情会一件比一件更无法记起。但是,这并不重要,也许,在那一段岁月里经历的事、相伴的人,甚至学到的知识被遗忘之后,留下来伴随着孩子们一生成长的那"更多"的一切,才是每一个幼教人最值得的追求。

草坪婚礼诞生记

田老师和姜老师无论如何也想不到,那场她们和孩子们共同策划的"草坪婚礼",鹤琴幼儿园的一个主题活动,会成为一个单一公众号推文阅读点击量超过 200 万人次,各大媒体争相报道的"网红事件"。

时间回到 2019 年的秋天。在南京禄口机场,新婚的田老师和她的丈夫正准备登上飞机开始他们的蜜月之旅。忽然,他们的微信不约而同地"嘀嘀嘀"响个不停,同事、朋友们纷纷向他们"发来贺电"。这是怎么回事?

朋友们对田老师说:

"亲爱的,你成了明星啦!你知道吗?现在我整个朋友圈都是你的草坪婚礼在刷屏。"

"丫头，你们是怎么想起这个创意的啊？太棒了！"

"我想采访一下，忽然受到这样的关注，有没有当明星的感觉呀？"

田老师觉得很懵，她的确刚刚收获了一场让自己毕生难忘、感动不已的特别的婚礼，可她不明白为什么这场婚礼会受到如此多的关注？

正在这时候，她的手机响了起来，原来是《现代快报》的记者想要采访田老师的先生。她把手机递了过去，只听到先生一本正经地回答了几个问题，都是关于"幼儿园草坪婚礼"的。直到登机坐定了，他们惊讶和激动的心情还久久没有平复。田老师和先生小声却热烈地讨论着这个"突发事件"，两个人的喜悦之情仿佛飞翔在云朵之上的蓝天里……此刻的田老师，在这高高的天空又一次重温了那一段让她感动和值得永远铭记的回忆。

五月，是南京最美的季节，宜人的春风里，各种各样的鲜花竞相开放。田老师心中带着美好的憧憬，选择在这个时候拍摄自己的婚纱照。她记得特别清楚，那是五月五日，由于拍摄档期的原因，田老师请了半天假，神奇的是，这个小小的"缺席"成了这场特别婚礼的"缘起"。

孩子们发现这一天田老师没有来。他们问姜老师："姜老师，田老师今天怎么了？她生病了吗？"姜老师对他们说："没有，田老师是去拍婚纱照了呢。"听了她的话，孩子们纷纷议论起什么是婚纱照。姜老师把孩子们的疑惑发给了田老师，她请田老师在方便的时候给孩子们发一两张照片，好解答他们的问题。

午休的时候,田老师的婚纱照发过来了。姜老师把婚纱照展示给孩子们看,孩子们都非常兴奋,特别是班里的女孩,她们眼睛里有满满的羡慕和憧憬,散发着一种特别让人感动的纯真的光彩。

穿上婚纱,应该是一个女孩生命中最美的一瞬间吧。姜老师看着田老师的婚纱照和围在身边的这一群小可爱,时光似乎一瞬间往后退,她沿着时光的隧道,看到了那个曾经的自己——那个同样对这一身洁白的婚纱无比艳羡的小女孩。也许,这是每个女孩梦中都出现过的画面吧。她忽然充满了感动,这让人感到生生不息的生命轨迹,被师幼之间的暖心情感铺陈得更加美丽了。

小朋友们热烈地讨论着,他们好奇的小脑瓜里闪现出各种各样的问题:田老师要结婚啦?田老师为什么要结婚呀?田老师身旁的那位叔叔是谁呀?田老师要在哪里结婚?还有一位小朋友喃喃地说:"我想看着田老师结婚!"

因为"田老师请假拍婚纱照"这个小事件,小三班的孩子们对"结婚"这个话题产生了浓浓的兴趣。这让两位老师感觉到,她们可以跟随孩子们的兴趣,和他们分享自己的生活。也许,这个话题可以成为一个很好的主题活动。但是,这个主题对于社会交往能力较弱的小班孩子来说,似乎"复杂"了一些。田老师的婚礼本来就定在金秋十月,也许她们可以在中班的上学期开展这个有趣的活动。转眼到了学期末,每当这时候,老师就会给孩子们发放该学期的"甜甜评语卡"。在猪年的时候,她们给孩子们发的是小猪形象的卡片,让孩子们对"今年是猪年"这个概念印象特别深刻,他们甚至在画画的时候,都喜欢把小动物的形象画成小猪。这一次,她们把给男孩和女孩的卡片分别设计成了西装和婚纱的造型,希望用这个小小的举动,帮孩子们在假期中"延续"对婚礼的兴趣。放假的那一天,孩子们拿着漂亮的评语卡片,把小手举得老高:"妈妈,你看看我的卡片,你知道这是什么吗?婚纱礼服的卡片哟,跟我们田老师婚纱照上的一样漂亮!"

当然,经过一个漫长的暑假,孩子们对"结婚"这件事情的兴趣还会不会依然存在,她们并没有把握。

有点出乎她们预料的是,九月份开学后,孩子们对这一话题的兴趣并没有减弱。他们还是常常在聊天的时候提到"结婚照""婚纱""婚礼""新郎新娘"等跟结婚相关的一切。

她们感觉到,这时候就是开展这个主题活动的"刚刚好"的时机。但她们遇到了一个小小的困难,由于教师跟班情况调整,姜老师离开了小三班。幸运的是,虽然教师的调配由园方考量决定,但班级的教室却可以由教师自由选择。田老师和姜老师想好了,她们要把班级教室选在一起,这样方便沟通和交流。她们愿意一起坚持把这个孩子们非常期待的主题活动完成。

那个金灿灿的秋天,至今想来都觉得像一个美丽的梦。这个班级里的小朋友们,心里存着一个共同的美好念想。他们是这场婚礼的全程参与者和见证人。

孩子们经过反复的讨论,一致认同——在幼儿园里举办的婚礼,应该是一场草坪婚礼!他们采访田老师:"田老师,你想要一个什么样的婚礼呢?"结果,他们知道了,田老师想要一个漂亮

的气球拱门，还想要很多小朋友一起来参加，吃她的喜糖。小朋友们和老师一边讨论一边记录，"草坪婚礼"的设计图就这样自然而然地完成了。

他们设计了漂亮的请柬，送到每一个班级；他们剪出了大红的喜字，把中三班装饰得喜气洋洋；他们把喜糖装进漂亮的盒子，那一颗一颗的喜糖，每一颗都经过了他们温暖的小掌心；他们还为田老师设计制作了捧花——田老师的捧花，是这个世界上最有爱的捧花，它由中三班的三十位小朋友每人做一朵组合而成，每一朵小花都饱含着一位小朋友甜甜的祝福。

而婚礼的现场，则是班级里的许多妈妈自发到幼儿园来参与布置的。一个妈妈告诉姜老师："我们家奶奶很不理解，为什么小朋友天天回家都说要在幼儿园里结婚，直到老师把这件事情的缘由和过程都告诉了我们，并让我们参与到婚礼的准备中来，大家才恍然大悟。奶奶直说，现在的幼儿园可真的太有意思了。"姜老师笑着说："那妈妈一定要多拍一些照片带回去给奶奶看看。"

迎亲的时候，新郎带着身后的一群小小伴郎来了！他们来到中三班的门口，小小伴娘们透过门缝问道："你们来干什么？""我们来接新娘田老师呀！""不给红包不让进！"小小伴郎们赶快把装着喜糖的红包塞了进去，这才进了门。按照之前让孩子们了解过的"习俗"，小小伴娘们本来把田老师的婚鞋藏得好好的，新郎必须找到婚鞋才能接走田老师。可新郎一进门，小伴娘米米赶快拉起他的手，冲到语言区的桌子下面，说："我告诉你，婚鞋在这里，赶快给田老师穿上！"也许，除了田老师的这个"幼儿园草坪婚礼",这个世界上再也没有这么"热心"的伴娘了吧!

激动人心的婚礼开始了,田老师拿着小朋友们制作的捧花,她看起来是那么幸福,她笑起来是那么好看。张园长代表幼儿园,把田老师交到了新郎的手上。小班的小姑娘为新郎新娘送上戒指,婚礼的车队是小朋友们平时锻炼的运动小车,他们骑着小车,兴高采烈地跟在田老师的身后,那一辆辆小车后面,一个个五颜六色的气球迎着微风,轻轻飘扬。孩子们尽情地在田老师婚纱的长长拖尾上面打着滚,他们并不完全明白"结婚"到底意味着什么,但他们知道那其中一定有幸福的影子,他们因为能参与分享这一份特别的"幸福"而由衷地感到快乐。

蜜月旅行一回到家,田老师一眼就看到了摆在桌上的一张报纸。那是一张很特别的报纸——它被用心地塑封了起来。田老师好奇地拿起报纸一看,原来那是《扬子晚报》对他们婚礼的报道。这时候,田老师的婆婆走了过来,笑呵呵地对她说:"你们的婚礼都上报纸了,这场婚礼真是太好了!我把报纸买回来,一定要收藏好,这多有纪念意义呀。早知道幼儿园的婚礼能办得这么好,我们在家还办什么呀?"

田老师笑了,她觉得自己拥有了一场世界上最棒的婚礼,那些最纯真的爱和祝福,难道不是最最珍贵的吗?她知道自己永远也不会忘记那一天收集在心里的所有感动,可她依然想要在那些记忆最鲜活的时候把它们一点一滴都好好记录下来。她在日记本里写道:"孩子们,从跟你们一起准备婚礼开始,我每天都在思考,怎样把这个美好的事情带给你们。可爱的你们呀,把我放在了心上……当我穿着婚纱出现在你们面前，看到你们的小眼睛里闪烁着星星，每个小宝贝都围在我身边，抬头看着我，我差点要流下眼泪；女孩子们轻轻摸着我的婚纱，懵懵懂懂的男孩子们不知所措地在我面前傻傻地笑，美好的你们呀，田老师的心都要化了。"

田老师在家乡办婚礼的时候穿的那件"秀禾服"，后来好长一段时间里都被挂在班级的游戏区。田老师的一本婚纱照相册，也一直放在班级图书角。小朋友们经常会去摸一摸，瞧一瞧。婚纱照相册的封面，都被摸得有点脏脏的了，"秀禾服"上面的各种小亮片和小珠子，有的被他们的小手摸得脱落了。

也许，多年以后，在所有孩子们的记忆里，已经无法清晰地重现这一次特别的经历，但那些影像记录下的一个个瞬间，那些心里种下的让他们回味无穷的感动，会让他们一生都觉得幸运和温暖吧。当有一天，他们也穿上笔挺的西装或漂亮的婚纱，他们一定会想起童年里的这个秋天，想起这一场田老师的草坪婚礼吧。

幼儿园的"非典型大厨"

中等身材,圆圆脸蛋,笑起来憨厚淳朴,哦,对了,还有,使用有趣的卡通图片做微信头像。

这就是鹤琴幼儿园的盼盼大厨。

"大厨,你看看我刻得怎么样?"一个老师说。

"大厨,怎么我用力的方法总是不对呢?萝卜刻到这里为什么总是断掉?"另一个老师说。

"大厨……""大厨……"老师们饶有兴致地向大厨请教如何用蔬菜瓜果雕刻各种各样的精美造型,好把这些本领融入幼儿园的课程当中。

盼盼大厨认认真真地教着老师们,他的额头上渗出了一层细细密密的汗珠——倒不是累,他有些紧张。这时候,他也是一位老师，而他的学生，是一群幼儿园老师。这让他感觉到特别有价值，有意义，有成就感。

曾经的他，是五星级酒店的一名厨师，对自己的手艺很是自信。可由于工作时间与陪伴家人的时间太过冲突，他抱着试试看的心态，选择到幼儿园做一名厨房负责人。刚开始，他对这份工作的想象是：和在酒店差不多，就是管好饭菜的供应，仅仅是吃饭的对象和工作的时间变了而已。他完全没预料到，一个他从未想过自己会涉及的新的领域和世界会一点一点慢慢出现在面前。曾经的他，对待教育的态度是"能帮助孩子做的尽量帮助孩子做""一切都听老师的，交给老师就可以了"。后来的他，学会了去对老师的话进行自己的解读和思考，并且非常坚持"能让孩子自己去想的事情，一定让他们自己想，能让孩子自己做的事情，一定让孩子自己做"……

他一直难以忘记张俊园长召集后勤部门的工作人员开的第一次会议。那是秋季开学前的一天，有"火炉"之称的南京依然是夏日炎炎的景象。张园长出差回来，一下飞机，就往幼儿园赶。盼盼大厨很好奇，他不明白为什么园长要在这大热天里专门赶到幼儿园给后勤部门的人员开会。

张园长到了，他简短跟大家打了招呼，就直奔主题。这个主题，关于鹤琴这个大家庭，在座的每一位都是这个家庭的重要一员。

张园长在后勤部门的群里给大家发送了关于"活教育"理念的资料，让大家一起阅读，然后分组研讨，谈谈自己的想法和看法。

盼盼大厨的记忆好像有些模糊了,每个人具体讲了什么他已经不能完全记得清。但让他印象深刻的是,每个人都显得很兴奋,对于他们在幼儿园的工作,大家有了全新的认识,更有了被尊重和被认同的归属感。张园长告诉他们,他们在幼儿园里的角色跟所有的老师是一样的。这个一样,不仅仅是逢年过节的福利,更重要的是一样要把自己当作幼儿园的主人、孩子的朋友。教育即生活,每个人都要扬自己所长,并跟孩子们一起成长——在他们的教育生活中,发挥自己的作用。

从那天开始——应该是从那天开始的吧,盼盼大厨就经常会告诉自己,要记得去思考如何才能发挥所长,为鹤琴幼儿园、为小朋友们的成长尽自己的一份力量。他经常会在午餐时间到各个班级去转转、走走、看看,看着小朋友们大口大口吃着香喷喷的饭菜,他由衷地感到开心;有的时候看到大家似乎都不太喜欢这天的饭菜,他心里马上就开始琢磨怎么改良。

一天,盼盼大厨照例在午餐时间到各个班级去瞧瞧小朋友们吃饭的情况。当他走进大三班,小朋友们都跟他打招呼,有的说:"大厨好,你看我把饭菜都吃了,碗都可以照镜子了!"有的说:"大厨,今天的豇豆烧肉真好吃,我吃了两碗饭。"……这时,小男孩林林笑眯眯地朝大厨眨了眨眼睛,拽了拽他的衣服。他感觉到林林似乎有什么秘密要跟他分享。他马上蹲下身去问道:"林林,怎么啦?今天的饭菜好吃吗?"林林悄悄对他说:"好吃,大厨。我有个问题想问你。"大厨正想:什么问题这么神秘。林林说:"大厨,我看到有一天,老师吃了咖喱牛肉饭,我也很想吃,你哪天可以烧咖喱牛肉给我们小朋友吃呢？"盼盼大厨犹豫了一下，因为幼儿菜谱和教师菜谱不一样，必须由保健老师制定。看盼盼大厨在犹豫，林林又补充了一句："我们班的好多小朋友都想吃，真的。"盼盼大厨被这句童言逗乐了，他对小朋友们说："听说大家想吃咖喱牛肉饭，是吗？我来统计一下，多少个小朋友想吃咖喱牛肉饭呀？"只见所有的小手都举了起来。盼盼大厨说："那大厨来想想办法，好不好？"

第二天，大厨带着林林和班级里另外几位小朋友去找了保健老师，向保健老师提出了小朋友们想吃咖喱牛肉饭这个想法。保健老师也被小朋友们的小心思逗乐了，她对大厨说："以后，小朋友们如果向大厨提出想吃什么，大厨都可以带他们来找我，只要能达到幼儿每日所需营养标准，我一定全力支持。"林林一听开心极了，他大声说道："耶！终于可以吃咖喱牛肉饭啦！"

当然，大厨不仅关心小朋友们的伙食，全力配合老师们的教学，对于老师们吃得好不好，他也非常上心。他想着，老师们平时工作很辛苦，让老师们吃得满意，也是他作为鹤琴一分子应该尽的一份力呀。

于是，他每周都让老师们自己轮流制定菜谱，尽量让他们能够吃到满意的菜肴。他对很多原本只会出现在高档酒店里的菜肴进行改良，为老师们改善口味。他最得意的就是，香菇狮子头这道菜已经成为老师们最喜欢点的菜肴之一。有时候，老师们会点酸菜鱼——直接买现成的冷冻鱼片当然很方便，但是，那样的鱼片口感很差。可一个人要片出七十多人份酸菜鱼鱼片的量，对大厨的工作量是极大的考验。为了让老师们吃得好,他一片一片耐心地片着,膀子已经很酸了,他就用小朋友教他的"按摩大法"自己揉一揉。他心里想的是,因为我们是鹤琴一家人呀,家人之间就是应该互相关心。

这样的温暖有的时候可以通过"定制饮食"来体现。盼盼大厨让每个老师都在饭盒上写上自己的特殊饮食需求,他会尽量满足。比如,老师们一般会写上"饭多""饭少""饭量适中",或者"不吃辣""不吃鱼虾蟹""不吃蚕豆"等等。事实上,这样的服务会增加厨房的工作量,可是,却能让老师们吃得更满意,也可以尽量不浪费粮食。盼盼大厨说:"我们要让孩子做到的,自己得先做

出榜样啊!"

  是的,知行合一,说到做到,体现在鹤琴幼儿园的整体氛围里。张园长鼓励幼儿园里的每一位员工都充分发挥自己的主观能动性,员工们能自己做主的事情,他绝不越界。盼盼大厨感受到在这样的氛围里,自己工作的积极性提高了,工作时的心情也更愉悦,而且,他看到了上鹤琴幼儿园的儿子在方方面面的变化——更自信、更大胆、更独立,也更爱思考了。他打心底里认同幼儿园提倡的"活教育"理念,这样的教育理念,也完完全全渗透到了他的家庭教育中。

  他常常会在朋友圈记录孩子们生活中的点点滴滴:

  家里吃柚子时剥下的柚子皮,姐弟俩合作完成了柚子灯。西瓜皮球没气了,儿子让他充气,他会问儿子:"你怎么知道气球需要充气了?"儿子说:"用手按,软了就知道需要充气了。"他接着追问:"有没有其他情况让你觉得皮球需要充气了?"儿子答:"球落到地上,弹得不高了就需要充气了。"他带着孩子们到菜场买菜,会记录下过程,他还会教他们玩模拟厨师的游戏……

  一天,家里买了一台新的洗衣机,当盼盼大厨下班到家时,安装洗衣机的师傅刚走,留了很多废弃的纸盒在家里。女儿馨馨带着儿子航航在各种盒子上面用水彩笔画满了画,还用手指画颜料按上了五颜六色的手印。盼盼大厨表扬姐弟俩:"这些纸盒真漂亮,放在家里装饰真不错。"馨馨说:"这么多纸盒,太占地方了,妈妈肯定不同意,我们可以把纸盒卖了。"航航说:"我同意姐姐的说法,正好还可以出去遛遛。"盼盼大厨说:"那行,你们自己商量怎么把这么多纸盒整理好,然后我们一起去卖掉。"姐弟俩互相配合,弟弟把纸盒压扁,姐姐把纸盒垒得整整齐齐,还绑好了。姐弟俩和爸爸一起,把纸盒拎到收废品的地方去卖。

纸盒卖了八元钱。大厨问:"你们觉得八块钱应该怎么分配?"

航航说:"硬币给我,纸币给姐姐。"

"硬币有几个?"

"三个。"

"那你拿多少钱,姐姐拿多少钱?"

"我三块,姐姐五块。"

"你不会觉得不公平吗?"

"不会,我喜欢硬币。"

"好,给你们。"

在准备回家的时候,大厨问了一句:"老板,你们收不收旧的洗衣机?"老板说:"收啊,五十元一台,三千米以内上门取货。"大厨问:"那我们自己拖过来,价格可以高一点儿吗?"老板说:"可以的。"

出了店门,大厨对馨馨说:"回家以后,你带着弟弟玩,我去借个三轮车把洗衣机拖过来。"航航说:"我有办法,用我们家的小板车拉就可以了。"大厨说:"我们家有两台旧洗衣机,要垒在一起,板车拉不过来,会倒。"馨馨说:"我和航航在前面拖,爸爸在后面扶着就可以了!"

大厨同意了姐弟俩的建议。夕阳下,一个九岁的姐姐和一个六岁的弟弟,用小板车拖着两台垒在一起的洗衣机,他们的爸爸,在后面小心翼翼地扶着。这样的方法，比他一个人用三轮车拖要费劲多了。但他觉得值，因为孩子们体会到了思考和行动的乐趣。

回家的路上，姐弟俩高兴地一前一后蹲在小板车上，盼盼大厨推着他们，三个人一路唱着歌。洗衣机一共卖了一百一十五元，可是他们收获的，当然远远不止这么多。

盼盼大厨特别得意，他领会了"抓住生活中的教育契机"这个法宝。他带着孩子摸索着、实践着。孩子们学会了自己整理书包，自己根据天气预报准备衣物，自己为自行车打气……

盼盼大厨找到了那个他想努力带着孩子们一起奔赴的方向。他希望他的孩子可以具备"健全的身体、创造的能力、服务的精神、合作的态度、世界的眼光"，这是陈鹤琴先生提出的"活教育"五大目标——也是他特别喜欢挂在嘴边的一句话。

那个雕工了得、老师们都非常佩服的大厨最得意的一个作品是自己的一个"西瓜雕刻"：一个圆圆的大西瓜，整个上半球部分的外围被刻成了朵朵粉白花瓣的玫瑰，在花朵的中心，簇拥着几个字"活教育，全儿童"。

是的，盼盼大厨的工作相较于原来在酒店的工作，有了新的变化，他也变成了一个不一样的人：他现在是一个"眼中有儿童，心中有方法"，时时刻刻都用"教育的眼光"去面对孩子们的——非典型大厨。

园长说:

教育即生活

杜威在论述教育本质的时候曾说过:"教育即生活。"他的学生陶行知则将其颠倒过来说:"生活即教育。"如此说来,教育和生活可以看作是一枚硬币的两面,彼此紧密联系。正如陈鹤琴所希望的:"教育是在生活上获得知识,以丰富的知识来提高生活,失去了生活的意义也就失去了教育。"

我们对生活教育的理解包含两个方面:一方面,教育不能脱离生活,要通过生活来进行;另一方面,教育是为了生活——包括当下的和未来的生活。

我们对"活教育"课程的实践探索,也是从落实生活教育的课程观念开始。所谓"一日活动皆课程",就是要把课程的视野从教师预设的教学活动转向丰富多彩的生活，寓教育于日常生活之中，同时也能发现日常生活的教育价值。

课程是什么？它不是存在于教材或教师的教案中，而是存在于教师和幼儿的共同生活中。教师的课程实施，不是忠实地执行一个预定的课程方案，而是带着预设的课程计划，投入与幼儿的共同生活之中，并且不断反思与生成的过程。

抱着这样的信念，我们大胆地将课程决策权交还给教师，通过课程的"留白"以及弹性化的实施，让教育更贴近儿童的生活。因为课程的留白，教师不必赶进度完成任务，可以充分享受生活的味道；因为课程的弹性，教师可以灵活调整课程计划。这才有了一个个让孩子着迷的生成活动。

教师组织幼儿自己去买菜、做菜也好，遇到停电带着孩子玩影子游戏也好，这些都能让我们看到，教育是可以向生活延伸的，生活事件也能促成教育。正因为教育与生活的边界模糊了，幼儿对活动的感受也模糊了，他们无须分清这是在生活还是在接受教育。而正因为这些活动与幼儿的生活紧密联系，他们才更喜欢、更投入。

生活化的教育，最最重要的影响还在于它悄悄地影响、塑造我们的生活态度。当幼儿投入活动之中、享受活动的乐趣时，他们其实也在感受生活的美好，也会向往更美好的生活。"田老师的草坪婚礼"在网络一夜爆红，很多人赞叹教师的创意、幼儿的天真，但在我看来，最打动我的却是幼儿与教师的共同生活：幼儿希望参与到教师的生活中去，教师愿意将自己的个人生活与幼儿分享。这场婚礼，也注定会成为田老师和孩子们的生活记忆，伴随他们未来的生活。田老师会带着世上最纯真的新婚祝福，去追寻自己的幸福生活；而孩子们则在心里埋下了一粒幸福的种子，若干年以后，他们也一定会拥有自己的浪漫。

教育与生活密不可分，教师的工作与生活也是密不可分的。我们通过教育赋予了幼儿美好生活，同时也指引了自己的生活方向。这正是童年所具有的强大的治愈力量，它让我们感受到生活的美好，即使看清生活真相，却依然热爱生活。

小孩子喜欢的

春天"有"秘密

一只小昆虫从一个长长的长长的睡梦中朦胧地醒来,它揉揉眼睛,感觉到了大地复苏的气息,一抹强烈的阳光透过土壤的缝隙,照耀在它的身上,它闲适地伸了个懒腰——是春天来了吗?

春天,万物复苏的春天,在每一个小小角落里,发生着多少关于生命的故事。它可能是一棵柳树抽出的一条新芽,可能是一丛迎春献给世界的一朵黄黄的小花儿,可能是一队小小的蚂蚁急急忙忙搬家……还有很多很多。因为,在忙忙碌碌的生活里,总有一群特别愿意静下心来看看这个世界的小娃娃,他们那善于"发现"的小眼睛里,永远映得出无数的故事。

鹤琴幼儿园的园所不大,就是一个普普通通的四轨制幼儿园。但是,幼儿园里却有着相对而言非常多的草地和自然角落。有高低起伏的小草坡，有小菜地，有小池塘，这些地方都是孩子们最爱游玩的场所。因为在这些地方，他们能感受到生命的呼吸和存在。那里有鲜活的气息，有无穷的变化。他们对每一个小小的生命都充满兴趣。

一个春天的清晨，孩子们最喜欢的晨间体能大循环活动开始了，这也是曼曼老师一天中最喜欢的时段。此刻，她眼中的孩子们是那么放松、愉悦，无拘无束，他们跳啊、跑啊，尽情享受着早晨的运动时光。

这时候，小女生瑶瑶急急忙忙跑过来，拉起她的手就要走："曼曼老师，快，快，快！我发现了一只小蜗牛，特别好看，你赶快跟我去看。"曼曼老师说："瑶瑶，老师现在得在这里站点，必须保证这些小朋友的安全，不能随便走开呢。"瑶瑶急得不行："曼曼老师，可是我真的很想让你去看看那只小蜗牛呀！怎么办？"这时候，曼曼老师灵机一动，对瑶瑶说："瑶瑶，要不你把我的手机拿去，我来教你一下，你去把小蜗牛的样子拍来给我看看？"瑶瑶一听，开心极了："不用教，我会！我会拍，老师。"说着她接过曼曼老师递过来的手机，一溜烟儿跑了。

曼曼老师的心情很复杂：有一点儿期待，有一点儿兴奋，又有一点儿忐忑。她期待揭开谜底，小朋友能拍出什么样的照片；可她又忐忑，这一路又是小池塘，又是那么多小石子，要是手机掉水里了，或者摔碎屏幕了，那……过了一会儿，瑶瑶拿着手机回来了。哇，她拍得那么好，一只小蜗牛非常清晰地呈现在画面的中央，周围被紫色的二月兰映衬着，简直可以说是一幅艺术作品了。曼曼老师非常意外，她告诉瑶瑶，小蜗牛很可爱，瑶瑶把它的样子拍得很漂亮，她非常感谢瑶瑶跟自己分享这份惊喜。瑶瑶也有了一种"做成一件很了不起的事情"的成就感。

晨锻结束之后，大家一回到班里，曼曼老师就跟小朋友们分享了瑶瑶拍摄的照片，并表扬了瑶瑶爱动脑筋爱思考，会自己想办法解决问题的精神。大家羡慕地看着这张小蜗牛的照片，一个小朋友说："曼曼老师，那下次你能把手机借给我拍照吗？"另外一个小朋友说："下次我发现了好玩的东西也喊老师去看哦。"曼曼老师笑着说："可以啊，不过，不能看到什么都借手机去拍，一定要发现了特别的、不一样的东西才能跟老师借手机哦。"从那天以后，小朋友们每天都会来跟曼曼老师借手机，去幼儿园的角落里拍照。还真神奇，他们每天总能发现一些新鲜的、有趣的变化。

南京鹤琴：
一所没有特色的幼儿园

他们拍摄的很多照片还被放到了幼儿园的摄影展上，那些照片真漂亮啊，所有看到照片的人都被孩子们捕捉到的那些美丽瞬间深深吸引了——也许这就是春天讲给他们的故事吧。

春天给孩子们寄送了很多很多的信，信里有各种各样的故事。小四班的小朋友收到的，是一封很特别的信。小四班位于一楼，是离各种各样的植物和小草坡最近的教室，也正因如此，小四班的小朋友有更多的机会亲近自然，他们总是特别容易找到各种各样的虫子。一开始，他们在草地上找虫子，后来他们观察到洞里也能挖出虫子。小朋友们挖出过一些冬眠的虫子，把它们带回教室里养着，可无一例外，所有的虫子都被养死了，这让他们十分沮丧，也很难过。他们是多么喜欢小动物啊。

一天清晨，在晨间锻炼的时间，由于连日的阴雨，泥土散发出一种特有的芬芳，姗姗老师带着孩子们去寻找虫洞，想挖到更多的小虫子。他们来到篮球架旁的小树林里，每找到一个虫洞，就带着一种揭开一个谜底的心情用小树枝去捣啊捣，他们找到了很多很多的虫洞，可奇怪的是大部分都是空的，它们更像是一个个虫子们在成长的过程中褪下来的壳子。"哎！怎么又是空的呀？姗姗老师！"一个小男孩大声问道。姗姗老师也觉得有些奇怪。这时候，一旁的保育员潘老师说话了："你们这么想找虫子呀？看我的！看我给你们把虫子变出来！"小朋友们一听，马上全围了过来。潘老师快步走到篮球架旁，一把将一个小篮球架拎了起来。哇！所有小朋友尖叫起来，就仿佛悠然地在海边散步的人忽然被一个浪头打到。他们惊呆了，或许是由于篮球架一段时间没有挪动了,架子下面积了不少的水,也可能是因为在架子下面可以躲避阳光的直射,篮球架被移走之后,架子下面出现了很多很多的蚯蚓!孩子们似乎从来没有见过这么多的蚯蚓,他们兴奋得炸了锅,七嘴八舌地议论着,喊着,笑着……这时候,一个孩子说:"不知道另一个篮球架下面会不会也有蚯蚓呢?"大家决定马上把另外一个篮球架也挪开看看。三,二,一!屏住呼吸——啊,另外一个篮球架下面有五只癞蛤蟆!而且全部在冬眠!但是,这一打开可不得了,小朋友们兴奋过了头,叽叽喳喳把癞蛤蟆全吵醒啦。他们追着癞蛤蟆跑啊跑,癞蛤蟆们慌不择路,到处乱窜,不一会儿的工夫,四只癞蛤蟆就跑得无影无踪,不知道钻到哪个洞里去了。最后一只跑得最慢的癞蛤蟆被小朋友们抓住啦!他们欢天喜地地把它带回了教室,说一定要好好地养它。

小朋友们把它小心翼翼地养在一个小盒子里。可是没过多久,在一天中午吃饭之后,吃得快的几个小朋友又围到癞蛤蟆旁边,大家忽然发现癞蛤蟆不动了。一个小朋友说:"癞蛤蟆是不是死啦?怎么不动啦?"另外一个小朋友用小木棍轻轻戳了戳它软软的背,没有反应。大家议论起来。

有人说:"也许癞蛤蟆只是在睡觉呢?它冬眠被我们吵醒了,现在还是困。"

有人说:"不对,癞蛤蟆冬眠醒来以后,就不会那么长时间地睡觉了,它肯定是生病了,也许死了。"

有人说:"可能是它觉得太干了吧,我们给它加点水试试?"

于是,他们赶紧在养癞蛤蟆的小盒子里加了很多水,可那只癞蛤蟆啊，它就那样紧紧地闭着眼睛，没有一点儿要动一下的意思。

这可怎么办呢？大家经过多次讨论，一致决定先假定癞蛤蟆是生病了。于是，大家开始商量怎么给癞蛤蟆治病……

有小朋友发现了摆放在教室窗台上植物角旁边的"水果肥料"，那是在班级种植植物的时候，老师带着大家一起用橙子"发酵"的。他们想，这肥料可以救植物宝宝，也一定可以救癞蛤蟆！他们开始行动起来……

这时候，老师们就坐在离他们不远的地方陪餐。这群一直在视线范围内的小娃娃们叽叽咕咕研究个不停。姗姗老师吃完饭，走过去一看，只见养癞蛤蟆的整个盒子里，水已经完全变得乌黑，一些不明颗粒物漂浮在上面，而那只小小的癞蛤蟆，它显然已经死去。姗姗老师故作惊讶地问："你们在做什么呢？水怎么黑了？"一个小朋友说："我们在给癞蛤蟆吃药，它不动了，可能生病了。"另一个小朋友说："我们给它多添一些水，本来以为它不干了，就能醒过来，可是它没有醒，我们就给它治病了。"姗姗老师问道："咦？你们哪来的'药'？"大家齐刷刷指着不远处的一个小花盆上面的营养土："就是在那上面的，帮助小花开花的农药。""呃，农药……"姗姗忍不住有点想笑，这群小娃娃，永远让人接不住招，这还是第一次听说农药还能治病哪！他们小脑袋里的那些天马行空甚至无厘头的奇思妙想给生活增添了多少欢乐，也许，这也是这份职业在辛苦背后得到的馈赠之一吧。

姗姗老师告诉大家，癞蛤蟆已经死了。"啊？！"她听到几声惋惜的哀叹。她能感受到这些小朋友此时的心情，或许像已经竭尽全力但还是无力回天的医生。他们想尽了办法，还是没能留住癞蛤蟆。"老师，它一定是去了天堂吧？"一个小朋友问。"是的，"姗姗老师说，"虽然老师也不知道为什么，但它没有办法再活过来了。等今天我们睡午觉起来，让媛媛老师带着大家把它埋在我们的幼儿园里吧。"

"癞蛤蟆，对不起……我们没能治好你的病，你只好到天堂去了……"一群小班小朋友嘴里念念有词。他们在媛媛老师的带领下，给癞蛤蟆找了一个"好地方"，把它埋了起来。正在此时，一个大班的小朋友经过了，他问道："你们在做什么呀？"当他知道了事情的来龙去脉，他说："那你们应该给癞蛤蟆弄个墓碑呀，就是插一个小牌子，我们班的癞蛤蟆有呢。哎，算了，我知道怎么弄，我来帮你们弄一个吧。"

隔天，在鹤琴幼儿园一个小角落的草丛中，竖起了一个小小的牌子，上面画了一只癞蛤蟆。也许，它就是被小四班的小朋友全力救治过的那只，也许，它是另外一只，不管它是哪一只，它是鹤琴幼儿园的小朋友们在这个春天经历的一个关于生命的小小故事。它关乎死亡，关乎想念，关乎驯养，关乎许许多多生命的蓬勃而来和戛然而去。它就是每个孩子的生命年轮上细细的一小条纹理，也许并不醒目，但它将永远在那里，随着年轮慢慢长多，每个孩子都会呈现自己的年轮本来的样子。

而年轻的教师们，随着岁月的沉淀，她们也在不停地生长出自己生命的纹理。当姗姗老师在几年之后回想起那些被人为饲养而提前失去生命的小动物们,她感叹自己的幼稚,甚至觉得有些"残忍"。后来的她,学会了如何运用科学的方法去引领孩子们在不破坏小动物们的生存习性的基础上进行观察。她惊讶地发现,大家反而得到了更多的乐趣。

春天就要过去了,鹤琴幼儿园关于春天的摄影展也开幕啦。所有的照片都来自孩子自己的观察、拍摄,每幅照片都配上了一句原汁原味的童言童语:"小蜜蜂在一朵漂亮小花上采花蜜,也许采完花蜜就要给人们做花蜜罐头了。""花儿,花儿,下雨了,快喝水吧。""呀!我们吵醒了冬眠的癞蛤蟆。""雨婆婆给樱花树送来了露珠,路灯像月亮一样照亮了大地。""幼儿园的菜花很漂亮,一层一层的,就像衣服一样。"

…………

老师跟小朋友们一起分享大家自己拍的照片,并告诉他们要举办摄影展的事。老师说:"小可爱们,春天真好对不对?你们看到了,听到了,用心观察到了很多很多春天的秘密。我们的摄影展,就叫'春天的秘密',大家觉得怎么样?"

这时,一只小手高高地举了起来:"老师,我觉得应该叫——春天有秘密。"

呀,一个多妙的"有"字!原来,是春天轻轻告诉了所有的孩子们,她有许多小秘密……

端午节的五彩绳

南京的夏天很热,盛夏的来临也代表着孩子们进入了暑假。那个六月,七喜毕业了。对于即将到来的小学生活,她有点儿懵懂,有点儿恍惚,也有点儿憧憬。

而刚刚过去的幼儿园生活,在她的回忆里清晰可见。这一天,妈妈开车带着她经过鹤琴幼儿园,她忽然举起小手对妈妈说:"妈妈,我想曹老师了。"

妈妈明白她举手的意思,她举起的那只小手的手腕上,戴着一根橙色、黄色和绿色相间的小手绳。手绳的尺寸很贴合,做工很精美,一看就是认认真真、仔仔细细用心编起来的。而这个小手绳对于七喜来说,有着一段特别的回忆,这段回忆关乎幼儿园,关乎大四班,关乎端午节,还关乎对孩子有着无限热情和爱心的小曹老师。

　　端午节前，七喜所在的班级有一位小朋友得了疱疹性咽峡炎，出于疾控需要，班级暂时封班，孩子们有一阵子不能到幼儿园上学了。班里的几位老师趁着这个机会，把班级的材料整理了一遍。一天，在整理材料的时候，林老师忽然说："可惜了，每一年端午节的活动是孩子们非常非常喜欢的，而这一次就这样没了。"保育员程老师也说："是呀，上次大厨带孩子们做青团，大家都很感兴趣，我还想着问问他端午节能不能带我们包粽子呢。"小曹老师说："是呀，前几天七喜还给我看她戴着的手绳，那还是我去年端午的时候给她编的呢。"程老师说："她也跟我显摆过你给她编的手绳，我记得那是疫情期间，下午孩子来得很少，你带着他们几个编的。小孩子多纯真，只要是老师给的，哪怕只是几根小绳子，在他们眼里也是无价之宝。其实他们小班的时候也编过这种手绳，当时是林老师组织亲子活动的时候，小朋友和爸爸妈妈一起编的，那时候你还没来我们班，可我也没见谁把这当作宝贝啊。"小曹老师听了心里觉得甜滋滋的，是啊，老师的一个小小举动，可能对孩子产生很大的影响，老师的一个小小礼物，可能被孩子视若珍宝呢。她在心里默默地有了一个计划……

　　她想利用停课的这段时间给班里的每个孩子都编一根五彩绳，这既是端午节的习俗，也是老师给小朋友们的一份毕业纪念礼物。

　　她买来很多很多的丝线，开始了"见缝插针"的努力。因为，虽然那段时间孩子们不来，老师们却一点儿没闲着，不但要整理

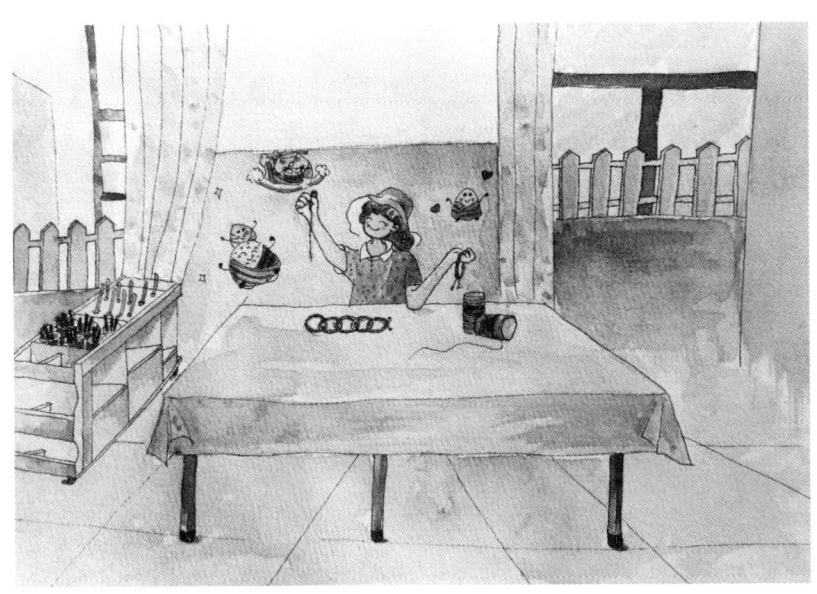

班级资料,还要到美工室帮忙搭建幼儿园沙盘模型。但是,小曹老师下定决心,再忙也要在孩子们回来前编好三十根五彩绳,一根也不能少。

一根、两根、三根……心灵手巧的小曹老师用一根根彩色丝线,一下一下编着她对孩子们的爱,在那些时刻,仿佛她所有的耐心和爱心都凝聚到了指间,虽然每一根五彩绳都是上一根的重复,但在小曹老师的心里,它们是不一样的,就好像每一个小朋友也都是不一样的。她编啊编啊,用了一个多星期,终于在小朋友们要返园的前一天全部完成了。她握着满满一把五彩绳,想象着孩子们收到礼物时的样子,好像那一晚的梦都是香甜的。

第二天一早,小曹老师早早就来到了幼儿园。她已经想好了,她要把这些漂亮的五彩绳全部挂到美工区上方吊着的树枝上,等到小朋友们入园了,她要一个一个给他们戴上。那个树枝,是美工区的一道小小风景,上面会不定期悬挂一些跟课程主题相关的装饰品。在之前开展端午主题活动装饰教室的时候,老师们挂了一些端午节的香包在上面,如果配上这些五彩绳,会多么漂亮啊。

小曹老师还记得,当时第一个来园的是一个男孩子——团团。当小曹老师把这个五彩绳送给他的时候,团团惊喜极了,他问小曹老师:"曹老师,这真的是给我的吗?真的吗?"在得到肯定答案之后,他又继续追问:"这个跟七喜那个是一样的吗?"小曹老师笑了,原来男孩子也想要五彩绳,他们也一直默默羡慕七喜的五彩绳。她答道:"是呀,你们的都是一样的。"

小朋友们陆陆续续地来了,这一天的大四班,跟往常好像不太一样,这一天的每个小朋友,都在一入园的时候就拥有了一个美丽的惊喜。啊,曹老师亲手编的五彩绳,这怎么可能不是孩子们心目中"最美好"的礼物呢?他们每一个都忙着欣赏自己的五彩绳,还跟别人的比一比:你的橙色多一点儿,我的黄色多一点儿,他的好像绿色多一点儿……

一诺来晚了,她的好朋友钰可赶快跑到她面前,急匆匆地对她说:"诺诺,快快快,赶快让曹老师给你一根五彩绳。"佐佐来了以后没到美工区这边来,果果跑到曹老师面前说:"曹老师,你要记得给佐佐一根啊。"

最得意的要数苡珊了,她向曹老师伸出两个小手腕:"曹老师,你看,我有两根五彩绳!左手这根是妈妈前几天给我编的,右手这根是曹老师编的！"

　　是的，这是曹老师编的，她把大四班这个家庭里大家相处中的每一个日日夜夜的情感都编进了这根五彩绳。后来，一直到毕业，几乎所有的孩子手上都一直戴着这根五彩绳。这一根一根鲜艳的手绳，装点了鹤琴幼儿园大四班那个欢乐的夏天。

　　孩子们毕业了，可在小曹老师的心里，和孩子们相伴的这段日子不会逝去，它会一直绽放在她的心里，因为这是一段她和孩子们共同拥有的美好印记，这也是她心目中的珍宝——一段五颜六色的明媚回忆。

世界上最香甜的一碗粥

无论是寒冷的冬天还是炎热的夏天,一碗粥,似乎永远可以安慰一个中国人的胃。当那甘冽清甜的米香在我们面前徐徐飘散的时候,那一颗颗被煮得胖乎乎的米粒总是能带来一种像家一样的安全感和幸福感。

粥是中国人对家特有的思念,也许,每个人心中都曾有过那样一碗粥,让他忘不了喝下去的那一瞬间的踏实和感动。

对于鹤琴幼儿园的聂师傅来说,他的那一碗记忆里永难忘怀的粥,同样来自"家",那碗粥,是属于他和幼儿园里的孩子们的,是他们关于这个大家庭的共同回忆。

九月的一个清晨,聂师傅正在自己的办公室里忙活,屏屏老师急匆匆走了进来,她想要跟聂师傅请教一些关于水稻的问题。

班级里的孩子们在午饭后散步的时候，发现了一大盆绿莹莹的植物，它青翠的叶子细细的，但很挺拔，非常像韭菜，但颜色比韭菜浅一些，更加漂亮。孩子们都很好奇，这是什么呢？是韭菜？是蒜苗？还是小麦？最后是一个孩子给出了答案，原来，他请教过聂师傅了，这盆植物是聂师傅种的，是一盆水稻。

听说这栽在盆里的植物竟然是水稻，孩子们忽然来了兴趣。水稻会开花吗？水稻的果实长在叶子上，还是长在泥土里？水稻什么时候成熟？米粒结在水稻杆子上的时候，是什么样子的？他们每个人的小脑瓜里都因为这盆植物而打出了无数个问号。幼儿园老师是一群看见问号就开始兴奋的人。因为，那些像一双双明亮的眼睛一样的小问号啊，是好奇心，是求知欲，是探索的精神。这都是他们应该像保护烛火一样保护的东西呀。

聂师傅听说自己种植的水稻引起了小朋友们那么大的兴趣，特别高兴。要说起这盆水稻，那是他灵机一动想出的主意。他在巡视幼儿园里的各种植物的时候，发现了一个废弃的轮胎，一个特别大的铁锅。他想到张园长说的"人人要有课程意识，时时眼中要有儿童"，于是，他思考起来——这么大一个铁锅，用来种水稻正合适，再用大轮胎架起来，不就稳稳当当了吗？如果种出了水稻，孩子们会很喜欢吧？第二天，他从家里拿来种子，种下了一大盆水稻……

这下，这盆水稻苗真的要成为孩子们课程的一部分了，聂师傅好不得意。面对屏屏老师的问题，他是"知无不言，言无不尽"，而且，他不但回答了屏屏老师的各种疑问，还补充了许多她没有想到的知识。屏屏老师说:"聂师傅,你可以成为我们这个主题活动的'特约顾问'吗?"聂师傅不好意思地笑着说:"你不请我,我都要去给你们讲。"

屏屏老师精心设计了课程,她带着孩子们从书本上学习关于水稻的知识,给水稻测量高度,观察水稻的长势,记录水稻的变化……这一切,聂师傅都乐此不疲地参与其中。如果说,这个过程是一部充满欢乐和惊喜的纪录片,那其中,有几个特别清晰的片段,好像能够永远一点不落地在他的脑海里回放。

聂师傅知道孩子们对水稻的每一点变化都很关注,他天天一到幼儿园就去观察水稻,儿时的经验让他对水稻从种下到收获的每一步变化都了如指掌。一天清晨,他发现水稻开花了,十分开心。这真是一件很奇妙的事情——他曾经见过多少次水稻开的花啊,为什么之前都觉得习以为常,从没像现在这样因为生命的多彩和神奇而激动?他真的要感谢孩子们,是孩子们让他重返了童年,重新获得了那双纯真而充满好奇的眼睛。

他赶快在教师群里留言:"稻子抽穗开花了。"说完,他想了想,如果他亲口去告诉孩子们,他们应该会更高兴吧。他甚至已经看到了孩子们听到这个消息时那雀跃的画面。于是,他赶快跑到大一班,把这个"超级好消息"告诉了孩子们。孩子们听说后,兴奋得不得了,连一秒钟都不想等,只想赶快看看水稻的花儿到底是什么模样。

孩子们跟着聂师傅一起来到了水稻旁,叽叽喳喳议论起来。一个小女孩仔仔细细地观察了水稻,她迟疑了一会儿,对聂师傅说:"聂伯伯,水稻没有开花呀?哪里有花啊?"聂师傅忽然明白了她的意思。的确,水稻的花儿一点儿也不像小朋友们平日认知里的"花",它们细细小小、浅浅淡淡的,颜色是那种几乎接近白色的绿。它们比小米粒儿还要小,轻轻地挂在稻子的穗上。聂师傅指着稻花说:"你瞧,稻子的花跟我们一般的花不一样,这就是稻子开的花,它就是在穗子上面铺了一小层,它的花是很细很细的。"暑热还未散去的九月,好像夏天的一个小小尾巴,小女孩瞪大了眼睛,她长时间地注视着这一丛水稻,这持久而认真的动作,让她的鼻尖蒙上了一层薄雾一样的汗珠。她忽然瞪大眼睛,对聂师傅说:"我看到了,水稻的花那么小那么小,可是,也很漂亮!"

几十天过去了,转眼就快要立冬,到了水稻可以收割的时候啦。聂师傅一早就拿着镰刀来到大一班门口,小朋友们知道,今天可有得玩了。

大家先看了聂师傅的示范,然后在聂师傅的带领下,一个一个学习怎么用镰刀割水稻。割完了,他们又把水稻带回班级,听聂师傅给他们讲述这一粒粒小小的水稻是怎么从种下到收获的,又是如何变成白白的大米,最后成为香喷喷的米饭上了桌。那时他们知道了,小小的一粒粒米饭也不是那么简单,刚割下来的稻米,还脱不掉"衣服",需要晾晒一段时间。

水稻终于在教室门口晒干啦。小朋友们最感兴趣的,莫过于穿着"衣服"的稻子是怎么脱了衣服变成了白白的大米的。他们用手剥,用玻璃瓶碾,用椅子脚压……各种各样的方法,都可以把稻子的"衣服"脱掉。聂师傅找来一块砖头，用砖头来回碾压稻子，果然，大家发现，用这个方法，稻子的"衣服"脱得最快。这时候，一个小男孩说："可是，这里有好多好多米粒和稻子壳啊，一粒一粒把它们分开，那得多久啊？"聂师傅笑了，他的记忆好像飘回了儿时的那个村庄，风吹麦浪的清香和黄澄澄的丰收的喜悦，曾是他童年时光里多美的一幅幅画啊。

他对小朋友们说："有一个非常好非常好的办法！那是聂伯伯小的时候学会的。今天，就带你们一起尝试一次，好不好？"

他把小朋友们带到了户外小菜园附近，一阵又一阵的凉风好像跟他商量好来帮忙似的吹了起来。小朋友们站在聂伯伯的周围，迫不及待地想看看他有什么神奇的办法来分离米粒和稻壳。

聂伯伯把一个空盆放在自己面前，把装着碾好的稻米的盆放在旁边。他把稻米高高地捧起来，像沙漏那样轻轻往下边扬边漏，一阵风吹过，轻飘飘的稻壳被呼啦啦吹走了，落在盆里的全是干干净净的大米。"哇哦……"小朋友们好像看一个魔术表演那样看着这一切。在他们眼里，此时的聂伯伯是多么聪明呀，他怎么能想出这么巧妙的办法？他怎么能想到让风来帮忙？

"让我试试好吗？""我也想试试！"他们一个一个轮着来，为了让稻壳飞得更快更远，他们还使劲用嘴对着稻米不停地吹气……那天的风，似乎因为那些飘扬的稻壳而有了形状，好像一串串飞扬跳跃的音符，构成了那美好情境之下的一首欢快的旋律。聂伯伯感到了一种特别纯粹的快乐，他仿佛顺着这一张张的笑脸带给他的时光隧道，望到了那个小时候的自己。当时的自己也是这样的高兴吧，一定也拥有过这一份完全没有目的的潇洒心境。而此时的他，更有了一种满满的成就感，他是孩子们的聂伯伯，是跟孩子们一起成长、一起感受生活的聂伯伯。

终于，孩子们得到了一小碗珍贵的"大米"，在三位妈妈的帮助下，他们把大米洗干净，煮成了香喷喷的粥。

"咚咚咚——"，门卫室有人敲门。聂师傅把门打开一瞧，原来是几位小朋友来给他送粥啦。白白的清粥上面冒着袅袅的热气，印着小朋友们笑嘻嘻的小脸蛋，聂师傅接过粥喝了一口，一种甜甜的感觉从他的舌尖，一直弥漫到了他的心间。

此时，小朋友们的聂伯伯在心里默默地想，这一定是世界上最香甜的一碗粥。

鹤琴娃娃过生日

幼儿园门口的大屏幕上,经常有两个特别的"人物"出现。那是两只卡通小狮子,一只穿着带白花边儿的黄色背带裙,一只穿着天蓝色的背带短裤;一只甜美可爱,一只帅气阳光。它们就是幼儿园的吉祥物——狮宝。

跟狮宝一起出现的,是幼儿园里的小朋友们。他们为什么会在大屏幕上出现呢?原来每一周总会有不同班级的幼儿过生日,资源室的萌萌老师都会把他们的照片和班级老师以及家长对他们的祝福放到大屏幕上,一直滚动播放一周。于是,这一周,鹤琴幼儿园的小朋友不仅能在家里吹蜡烛,还可以成为幼儿园的"小明星",因为他们又长大了一岁,成长的喜悦和幸福由幼儿园大家庭里所有的家人们一起来见证和祝福。

　　亲爱的元宝，祝你生日快乐！恭喜你又长大一岁啦！最近的你越来越棒啦，能勇敢积极地表达出自己的想法，也能仔细地观察出班级里的变化。你真是"心有猛虎、细嗅蔷薇"的男孩子呀！希望元宝能一直开心快乐、平安健康哦！

* * *

　　亲爱的可可，生日快乐！你是一个热心、活泼的小姑娘，你很喜欢帮助别人，是老师的小助手，小朋友的好伙伴。你很擅长运动，爬杆、跑步都难不倒你。你是班里的小太阳，永远活力满满。你很自信、勇敢，能够清楚地表达自己的想法和发现，老师很喜欢跟你一起聊天。马上要上小学了，希望可可继续努力，发挥自己的优点，你会更棒的！

亲爱的满意,名副其实的你真的总是让老师和小朋友们都很满意,你喜欢做阅读记录,喜欢画画,喜欢搭积木,而且每件事情都做得很棒!长大一岁了,希望满意一直像现在一样,做让自己满意的满意!

播放生日祝福的做法深受家长和小朋友们的欢迎,他们总是精心准备好需要播放的照片,那一定是小朋友们自己最满意的一张照片!而老师们送给每位小朋友的祝福语,也一定是用心去写的。

…………

暖心的照片,配着家长以及老师们用心、有爱的话语,再加上活泼靓丽的小狮宝,每个小朋友的生日展示都会被家长们用心拍下作为留念,也让小朋友们小小的心灵感受到了满满的爱。嗯,在那一周,他是特别的,有那样一个日子,于他而言,是不同寻常的。那是他从一个神秘的源头进入这个世界的日子;那是爸爸妈妈在紧张和期待之中揭开他未知面纱的日子;那是家人心心念念期盼的日子。是的,每个小朋友都有这样一个日子,这个日子很重要。而幼儿园的这项家园共育贴心服务,让每个小朋友在懵懵懂懂中获得了某种仪式感,里面也蕴含着对生命的感恩和敬畏。

幼儿园生日屏的滚动播放,一直是资源室的萌萌老师负责的。这项工作,只是她众多琐碎的工作中很小的一项,但也是她特别享受的一项。她清楚地记得,在一次寒假过后,刚开学不久,大班的灵灵老师忽然急匆匆走进资源室,说:"萌萌老师,我们班元元的生日祝福你是不是给忘啦?她妈妈昨天跟我说,马上要到元宵节了,元元就是元宵节那天出生的,所以可以赶上开学后的阴历生日,麻烦你赶快帮她补一个吧!"萌萌老师说:"没忘啊!我记得清清楚楚,寒假前那一周,我给所有寒假里过生日的小朋友都做了生日祝福PPT,元元的肯定有,我把资料给你翻出来看看啊。"

南京鹤琴：
一所没有特色的幼儿园

灵灵老师看了播放资料，元元的生日祝福确实有！寒假里过生日的小朋友多，自己有点忙忘了。可是，这也奇怪了，难道滚动播放了一周，元元妈妈都没有注意到吗？不应该啊！经过再一次的交流，灵灵老师才明白，原来元元妈妈发现，虽然元元的阳历生日是在假期里，可阴历生日却是在开学后，她想让元元在生日那一天看到自己的生日祝福被播放。元元的妈妈说："我们一直觉得播放生日祝福这个形式特别有心，孩子也很在意。可惜她的阳历生日在寒假里，寒假前一周我们正好请假了，自己也没能看到，而且很多小朋友也请假了。巧的是我们的阴历生日是元宵节，如果这一天能再帮我们补一次，真的太感谢老师了。"

萌萌老师听灵灵老师这么一说，不但没觉得麻烦，反而非常开心。这项琐碎而重复的工作，如果能在家长和孩子的心中搭起一座与幼儿园心连心的桥，那么自己点滴的付出就值了，所有的麻烦也都不成为麻烦了，而是去完成一件朴实、温暖和美好的事。生活中的仪式感很重要，家长重视孩子的教育和情绪是非常值得鼓励的事情。老师对于家长的合理要求当然要尽力配合。

元宵节那天，元元穿着漂亮的红色唐装，梳着丸子头，她的小脸被那闪耀的中国红映衬得更加生动。她笑眯眯地站在自己的生日祝福屏前留影，这种庆祝方式让她的生日有了些许特别。也许很多年以后，她会从妈妈讲的故事里知道，在她六岁的这一天，她拥有一个特别的生日，一个拥有老师、小朋友和幼儿园里的所有家人们的祝福的生日，一个被爱紧紧抱住的生日。

是的，生日是最重要的事。于每一个人而言，都是这样：这

一天，希望爱自己的人都记得；这一天，每个人又长大了一岁；这一天，再平凡的人都可以有小小的不一样……

孩子们都熟悉过生日，喜欢过生日，对幼儿园里要开展有关生日的主题活动表现出浓厚的兴趣。过生日有很多的习俗，比如吃长寿面，吃寿桃，吃蛋糕。幼儿园的大厨配合孩子们的心愿，在开展生日主题活动的时候带大家做蛋糕、做面条，还把老师的某一次点心也调整为"寿桃"，就是为了让大家感受到幼儿园里的每位家人都值得被关爱，把生日的习俗润物细无声地融入幼儿的生活中。孩子们对于做蛋糕可感兴趣了，他们自己设计精美的蛋糕，蛋糕上有各种各样他们喜欢的水果和糖果，还有卡通形象。他们用内心中最珍视的东西来装饰自己设计的蛋糕，这些蛋糕就是世界上最美的蛋糕。

中二班的马老师曾经收集并记录过孩子们在刚入园的时候和到中班之后,对于生日的不同认识。

刚入园时,孩子们说:

"生日是出生的那一天。"

"生日代表我们长大了一岁。"

"生日要吃蛋糕。"

"生日能收到礼物。"

上中班后,孩子们回答:

"生日是出生的那一天,以后每一年的这一天都会过生日。"

"生日代表我们真的长大一岁了。"

"生日代表幸福,代表爱。"

"生日代表了生命,很珍贵很珍贵。"

"生日这一天妈妈生下了我,妈妈很疼很疼。"

"每个人都有生日,小花小草、楼房也有生日。"

"生日可以许下生日愿望。"

"我喜欢集体生日会,好多人可以一起许下生日愿望。"

"蛋糕可以是奶油的,也可以是特别的,比如我们班的寿司蛋糕。"

…………

对于生日,他们的感受应该还有很多很多,每个人的感受都不尽相同。但是,所有的小朋友一定都有这样的感受:生日是值得记住的一天,生活是需要仪式感的。

这特殊的一天,他们会收获许许多多的爱。这让他们懂得,最好的礼物就是把彼此记在心上。

老师有个万花筒

每一天的点心之后，都有一小段阅读时间。这也是小朋友们都很喜欢的一个环节，每人选择一本自己喜欢的书，安安静静地享受一日在园生活里这短暂的美好时刻。

小四班的叶老师平日很注重数学概念在儿童生活中的渗透，所以，在与孩子们互动的各个环节，她会想办法让他们不断加深对"数"的认识。例如，每天的点名环节，她会随机地挨个让小朋友跟她击掌，边击掌边顺序报数，最后，如果人数少了，她就会问大家有没有发现是哪一位或哪几位小朋友请假了。

而在阅读时间过后的还书环节，她每次都会跟小朋友们这样说："你正在读着的书，书名是两个字的小朋友请还书，书名是三个字的小朋友请还书，书名是四个字的小朋友请还书，书名是五个字的小朋友请还书……"

她认为,这样的方法能让小朋友们在认识数字的同时,也感受到一点儿变化。这比"请第一组还书,请第二组还书……"的传统方式灵活一些,可以为每一个平常的日子带来一些新鲜的色彩。

这一天,小四班点心后的阅读时间结束了,叶老师正准备招呼小朋友还书。此时,她听到来自浙江的访问老师潘老师对小朋友们说:"大家仔细看看图书的封面哦,封面上有植物的小朋友请还书,封面上有动物的小朋友请还书,封面上有人物的小朋友请还书……"小朋友们一下来了兴趣,赶快看自己的封面上都有什么,同时,小耳朵仔仔细细听着老师的话,下一句会让封面上有什么的小朋友还书。而潘老师也是一边说一边观察,她在观察有哪些孩子已经还书了,剩下没还书的孩子们,需要给他们发出什么样的指令。最后,只有小女孩玥玥没还。原来,她这天选择了一本很特别的绘本《有麻烦了!》,绘本的封面上画的是一个熨斗留下的痕迹。潘老师说:"啊,那么现在,封面上有个熨斗留下的痕迹的小朋友请还书吧!"玥玥从椅子上跳起来,开开心心还书去了。似乎因为选择了这本书,她觉得这一天自己成了一个特别而幸运的人。

教师的职业敏感,让叶老师抓住了这个教育行为里的"活"的元素。她立即对潘老师说:"哎呀,你这想法真不错哎,如果我们能够经常根据情况来改变规则,孩子们就会一直保持新鲜度。而且,这样做不仅锻炼了他们认知数字的能力,还能锻炼他们的观察能力和归纳总结能力。"潘老师笑着说:"我也是刚刚看到好几个小朋友手里的书封面上有动物,才冒出了这个念头。"叶老师说:"今天这灵机一动,简直可以打 100 分。我们班以后每天都来尝试不同的分类方法吧。"

这时候,小四班的同学准备到美工室去上课了。跟叶老师的一番对话,让潘老师忽然也觉得这个方法特别有意思。她继续说道:"大家听老师说,我们马上要去美工室了,今天我们不根据你自己所在的组的顺序来排队了,今天有一个新的规则。下面,穿黑色衣服的小朋友去排队,穿红色衣服的小朋友去排队,扎两条辫子的小朋友去排队……"在往常,当小朋友们根据组别来排队的时候,他们只会关注自己。而这一次,他们在关注自己的同时,还有兴趣去关注别人。当老师喊扎两条辫子的小朋友去排队的时候,一个小女孩不知道在想什么有趣的事儿,她走神了,没反应过来。旁边的小朋友赶紧对她说:"嘿,老师喊你排队啦,今天你扎了两条辫子呀。"她恍然大悟,摸摸自己的小辫儿,赶快蹦跳着排到了队伍里。

老师们发现,小朋友们真的觉得这样的方法很有意思。看到大家这么感兴趣,她们决定在班级里把这样的分类方法变成一种常态。每一本书都很特别,每一个人都很特别,每一件衣裳都很特别……但它们可能又存在某些共同之处,这是多么有意思的一件事儿呀!这可不能只是老师的"专利",当然应该让小朋友们自己都来试一试。

于是,每天都有不同的小朋友轮流成为一个"小小分类师",

在需要分组行动的时候，就让"小老师"来根据当天的情况灵活制定规则。

瑶瑶是个小女生，在她当"小小分类师"的那一天，她是这样说的："衣服上有圆点的小朋友请还书，穿了裙子的小朋友请还书，扎了辫子的小朋友请还书，穿皮鞋的小朋友请还书，穿运动鞋的小朋友请还书……"

小凯是个小男生，在他成为"小小分类师"的那一天，班级正在开展蔬菜主题活动，他是这样说的："带辣椒来的小朋友请还书，带白菜来的小朋友请还书，带胡萝卜来的小朋友请还书，带土豆来的小朋友请还书……"

做"小小分类师"，不仅是某种荣誉感的引领和责任的象征，还需要开动脑筋去思考，并根据具体情况学会在各种各样的分组方法之间"自由切换"。小朋友们的创造力是无穷无尽的，他们往往在老师觉得"都已经这么多了，还能想出什么新方法吗？"的时候，又忽然给大家带来意想不到的惊喜。

老师们在教学生活中的这一个渗透着"教育机智"的小点子，好像孩子们在鹅卵石堆里面忽然发现的那一汪清水，带着他们不断去探究、建造，最终竟然真的在幼儿园里拥有了一个属于他们的小池塘。这些裹着爱和关切的"小点子"，让老师们的手中仿佛握住了一个万花筒，里面有着童年的智慧那永不重复的美丽图景。

园长说：

培养"活"的儿童

我们在办园之初思考的一个中心问题就是，"活教育"的"活"活在哪里？我们对"活"字有两种解读：首先当然是"生活"的活，教育要密切联系幼儿生活；再就是"活力"的活，也就是说教育要激发幼儿天生所具有的活力。

陈鹤琴先生曾总结了儿童的七大天性：好游戏的、好模仿的、好奇的、喜欢成功的、喜欢野外生活的、喜欢合群的、喜欢称赞的。他还提出了两个"凡是"的教学原则：凡是儿童能够自己做的，应当让他自己做；凡是儿童能够自己想的，应当让他自己想。

虞永平教授曾说："活教育就是追随儿童的心灵。"

我觉得这句话点明了"活教育"的灵魂,那就是教育应该顺应儿童的天性,让儿童主动地发展。

追随儿童的心灵,首先要做到把儿童放在心上,时刻提醒自己"一切为儿童"。说起我们园门口的那块生日屏,还是缘于我在日本幼稚园参访时受到的灵魂冲击。相比国内幼儿园内花花绿绿的环创与墙饰,日本幼稚园教室里基本上都是空空如也,唯一能够看到的墙饰就是孩子的"生日树"之类。我忽然领悟到,什么是"以儿童为中心的环境"。现在我们的幼儿园里,依然没有多少教师制作的精美环创,有的只是孩子们的活动痕迹。孩子们每天生活在"自己"创造的环境里,这对我们来说很重要。

追随儿童的心灵,就是要看见儿童的兴趣、问题和需要,并且尽力去满足。孩子在春天里的一个小小发现,教师鼓励孩子去拍摄的一个小小支持,最终演绎成一个"春天'有'秘密"的儿童摄影展。从一张张照片中,我仿佛可以看到教师和孩子一次次互动的场景,看到孩子主动投入他们的发现和记录之中。记得有一次园内的主题活动分享会上，一位年轻的老师发自内心地感叹："我再也不用担心主题活动开展不下去了，因为孩子一定会向我们抛出很多的话题，他们也一定会给我们很多的惊喜！"我相信，这就是看见了儿童的力量！

追随儿童的心灵，还有很重要的一点就是要牢记儿童在前、成人在后的立场。近些年大家对"儿童立场""儿童中心"等观点听了不少，但实践中仍有很多教师茫然不知所措，归根结底还是没有走出非此即彼的简单化思维方式。儿童和教师不是对立的关系，而是合作的关系。儿童在前不等于放任儿童，成人在后也不等于放弃引导。我对老师们提出"思考在孩子前面，行动在孩子后面"。思考在孩子前面，就是当我们面对潜在的教育机会时，要去判断它的教育价值，预判儿童的可能性；而在活动中则要尽量放手，站在孩子的后面去观察、去思考，去把握活动发展的方向。教师要甘当"配角"，才能让儿童真正成为学习的主人。

看见每一个

老师最喜欢我

* * *

今天你吃早餐了吗？

蒙蒙是一个乖巧的小姑娘。在班里，你几乎听不到老师对她的任何批评和提醒。上课的时候，她永远知道认认真真坐好，安安静静听讲；回答问题前，把小手举得高高的；吃饭的时候，不掉一颗米粒。

只有一件事情让妈妈感到头疼：蒙蒙不吃早餐。每天早上起来，她都跟妈妈讨价还价。有时候她说："妈妈，昨天晚上我好像吃多了，我不饿。"有时候她说："妈妈，我不喜欢吃今天的早餐。"

有时候她什么也不说，就磨磨蹭蹭的，直到上学时间来不及了，她也几乎没吃什么。

不吃早餐可怎么办呢？就靠幼儿园的一份点心，肯定不能保证一个上午的能量供给。蒙蒙的妈妈和爸爸商量之后，想了一个点子。他们对老师说，入园后不要让她吃点心，让她饿一饿，感受不吃早餐的后果。

蒙蒙妈妈把这个想法跟班级的安安老师讲了。安安老师对妈妈说："不让蒙蒙吃点心这种做法不太好，因为蒙蒙和其他孩子并不知道老师和家长的想法。为什么蒙蒙没有点心吃？是对她的惩罚吗？是由于什么事情要惩罚她？小朋友们都会觉得莫名其妙，蒙蒙可能心理上也会觉得不舒服。"蒙蒙妈妈说："可是，她因为有一顿点心，就不愿意吃早餐，这样长期下去，可怎么办？我们也没主意了。"安安老师说："不要着急，我来想一想，看看有什么更好的办法。"

当天傍晚，安安老师给蒙蒙妈妈发了微信："今天点心还是给她吃了，但我跟她商量了这件事情。我们最后沟通的结果是，只有在家好好吃早餐，才能在幼儿园吃好吃的点心。从明天早上开始，妈妈可以跟蒙蒙说，安安老师每天都会问你今天早上有没有吃早餐哦！"第二天一早，妈妈对蒙蒙说："老师觉得，小朋友一定要吃早餐才会一天都有精神，做操才有劲，回答问题才响亮。蒙蒙不吃早餐，怎么跟老师说呢？"蒙蒙听了妈妈的话，想了想，吃了一个水煮蛋。

妈妈马上把安安在家吃了一个水煮蛋的消息发给了老师。这天上午，蒙蒙一到学校，安安老师就拉着她的手说："蒙蒙真棒！今天早上吃了一个水煮蛋，对不对？"蒙蒙觉得很神奇，她开心地说："是的，安安老师。"

就这样，每一天，安安老师像个魔法师，她总能知道蒙蒙早餐吃了什么，而且每次都表扬她"真棒"。蒙蒙越来越喜欢吃早餐了。一天，她多吃了一小块蛋糕；又一天，她连平日不喜欢的粥都喝了小半碗……无论她吃了多少种食物，安安老师总能知道。

一段时间过去后，蒙蒙已经成了一个吃早餐完全没有问题的孩子。可她和安安老师之间的这个小默契，也没有人愿意打破。这似乎成了她们之间的一个"小小约定"。

有一天早上，蒙蒙到园的时候，正好遇到一个小朋友，他好像身体不舒服，吐了一地。保育老师在拖地，安安老师忙着组织别的小朋友有序避开，忙乱之中，她没来得及问蒙蒙吃早餐的事。蒙蒙愣了一会儿，她忽然跑到安安老师面前，大声问道："安安老师，今天你怎么没有问我吃了什么早餐呀？"

安安老师一怔，她蹲下来摸了摸蒙蒙的小脸蛋，轻轻对蒙蒙说了一句："我猜你吃过了，对吧？"蒙蒙开心地使劲点点头。一种感觉在安安老师的心里荡漾开来：开心，欣慰。一个小小的约定，既解决了蒙蒙吃早餐的问题，又让她养成了一种小小的任务意识，让她的生活里有了这样一段和老师一起守护一个小小约定的日子。也许，这对老师而言是一件很小的事儿，可对孩子而言，却可能是"头等大事"。最重要的是，被人在意和惦记的感觉真好，无论是对安安老师，还是对蒙蒙来说，都是这样。

南京鹤琴：
一所没有特色的幼儿园

* * *

团团喜欢的"卫生间"

团团是个中途转学来的孩子，他内向，话不多。保育员朱老师一直记得，团团来到教室的第一天，看着一屋子叽叽喳喳的小朋友，一个人怯怯地坐到角落里的样子。

朱老师本以为那是任何一个孩子面对新环境时的正常反应，他很快就会和小朋友们熟悉起来，很好地融入班级。但事实却不是这样，团团似乎特别怀念他原来的幼儿园和班级，他老是哭丧着脸对老师说："我想回原来的幼儿园。"团团很少跟小朋友们玩，总是一个人默默地待着。最让老师担心的是：团团坚决不肯上卫生间，想小便也憋着，所以老是尿裤子。这个现象，更加重了团团心理上的不适应。可大家除了鼓励、安抚他，也暂时没有找到更好的方法。但即使团团尿湿了很多次裤子，老师们从来没有表现出不耐烦的情绪。

有一段时间，团团尿裤子少了，但老师们也没看到他到卫生间小便。在跟团团的妈妈沟通后，老师们知道了原来团团觉得不好意思，经常憋着不小便。朱老师觉得不能这样下去了，她找机会诚恳地和团团聊了聊"为什么不肯在幼儿园小便"，团团说："这个卫生间不是我们原来幼儿园那样的卫生间。"

朱老师马上想到，鹤琴幼儿园的卫生间有两种冲水方式。第一种立式的小便池是自动感应冲水的，第二种长条形的水槽小便池是教师手动冲水的。班级里的是自动感应冲水的一种，而团团会不会不排斥另一种呢？她把团团带到另一个班级的卫生间，没想到团团很自然地小便了。

朱老师对团团说："那以后，你想小便了，就告诉我，朱老师就带你到这儿来，好吗？"团团很高兴，声音都比平时响亮了不少："好！"这是朱老师第一次看到团团这样高兴，虽然她完全无法感同身受，但她愿意理解和支持他。

一次，两次，三次……记不得有多少次了，团团和朱老师穿过长长的走廊，转弯，来到这个团团认为"跟以前一样"的卫生间。团团再也没有尿过裤子，他脸上的笑容更多了，跟小朋友们也逐渐打成一片。

一天，团团和男孩子们正在玩一个搭汽车的游戏。玩兴正浓时，他对几个男孩说："暂停，暂停，等我一下，我要去小便。"说着，团团很自然地走进自己班级的卫生间，一会儿，他跑了出来，继续跟几个小朋友游戏起来。

也许团团并不知道，当时，班级的几位老师都愣住了，她们很默契地没有说话，但是互相交换了激动的眼神。在她们看来，这最稀松平常的一个瞬间，几乎像一个盛大的节日了。

在那一刻，她们享受到了职业的馈赠。教师的幸福感，就那么真实而具体地在她们之间荡漾开了——像那个寒冷冬日里一抹鲜艳的红，那么突然地，却是那么暖暖地，洒在心间。

南京鹤琴：
一所没有特色的幼儿园

* * *

老师最喜欢我

张园长读到一篇文章，大意是说，一个人到一所幼儿园里问孩子们："你的老师最喜欢谁？"孩子们都争着说："最喜欢我！"文章的作者感慨，最成功的教育莫过于此。文章中孩子们的答案让他动容，也让他疑惑。他在想，幼儿园的孩子真的会给出文章里那样的答案吗？而他更想知道，鹤琴幼儿园的孩子会给出什么样的答案。

第二天，张园长还一直惦记着这事。他在晨间锻炼的时间分别喊了两个比较熟悉的孩子，一个叫元宝，一个叫缘宝。他问这两个孩子："你们班的元元老师最喜欢谁啊？柳柳老师又最喜欢谁呢？"他心怀忐忑地等待着孩子的回答。还好，孩子的答案让他心中的石头落了地："最喜欢我！"

张园长心中升起一股莫名的激动，鹤琴幼儿园刚刚工作一年的老师做到了——让孩子们觉得，老师是最爱自己的！

是的，老师最喜欢"我"，要不她怎么会天天惦记着"我"吃了什么早餐？老师最喜欢"我"，要不她怎么会在意"我"喜欢上哪一个卫生间，并且从不厌烦地一次又一次带着"我"穿过那条长长的走廊，然后到达那个转角的地方？还有多少细微而重要的事情，在每一个老师和每一个孩子身上，在每一天平凡的日子里发生，让孩子们都觉得，老师最喜欢、最在意自己？

"老师最喜欢我！"这句响亮的童音，对于老师而言，是没有任何东西可以与之相提并论的，是孩子们回赠的最珍贵的礼物。

张园长把孩子们的回答告诉了元元老师和柳柳老师，两位年轻的老师面对这样的褒奖，同样是那么欣慰而感动。柳柳老师还专门把这件事情写进了自己的成长笔记中，她动情地说："那一刻，我实实在在地感受到了某种支撑和推动我的力量。"

或许那是一种，自己像个小小太阳一样，温暖着童年的成就感。

在你的心里与世界连接

在蜗牛妈妈心里,有两个让她毕生难忘的瞬间,都跟儿子有关,跟儿子上的鹤琴幼儿园有关。

第一个瞬间,是蜗牛刚入园第一周的时候。突然有一天老师找她来谈话,她在踏出幼儿园的时候无助地哭了起来。这是一所她寄予厚望的幼儿园,她本觉得这里会有奇迹。可是,仿佛那些炫丽的肥皂泡轻轻一戳就破了一般,她听到了那些让她非常担心的话语,当时只有一个想法:"老师可能要抛弃我的孩子了。"主班的彩虹老师对她说:"孩子存在的这些问题,我想还是要非常真诚、直接地向你们反馈。我担心你们平时是不是太忙了,家里对孩子太忽视了……"蜗牛妈妈犹豫着,小声说道:"老师,这个孩子从小有'感统失调'的问题。"她很想对老师说,家里不存在"忽视"孩子的问题,事实上,蜗牛全家已经付出了很多努力,家里甚至还请了一个非常专业的家庭医生。然而,面对一个刚认识几天的老师,该如何开口呢?她不敢说,害怕她心中像一团冬日暖阳般的"活教育"的理想,连一点儿微弱的光也吝啬给她。

这么匆忙地在开学的第三天就找家长来谈话,这对彩虹老师来说,也是第一次。对于一个已经带过两批孩子的"老"教师而言,刚入学的孩子似乎无论出什么样的状况,都是在意料之中的。彩虹老师却没想到,她在这个已经错综复杂的"全班性分离焦虑期"里,还要面对更加困难的挑战。

开学第一天,她就注意到了蜗牛的"不一样"。他几乎无法执行老师的指令,别的同学做任何事情,也好像都与他无关;老师组织集体活动的时候,他就满教室跑;在游戏或其他区域活动的时候,他的所思所想似乎都与周遭的一切绝缘。

在谈话前,她是有担心和顾虑的:一个孩子,刚刚才离开自己的家,进入了对他来说很重要的集体生活,忽然就被贴上一个"特殊"的标签,家长能接受吗?如果家长不能理解自己的良苦用心,从而产生负面情绪,会不会让事情变得更糟?可是彩虹老师想,如果孩子真的有什么问题,家长早点面对,对孩子才是最好的。所以,第三天她就请蜗牛妈妈来幼儿园聊蜗牛的情况。

事后,她才体会到,相比蜗牛妈妈的忐忑不安,自己那点纠结的情绪简直可以忽略不计。蜗牛妈妈回到家,跟家里人商量了很久,最后,他们一致决定,把蜗牛的情况悉数告诉彩虹老师。蜗牛妈妈忘不了的第二个瞬间,就发生在接下来的这次谈话中。

她把一切都告诉了彩虹老师：蜗牛从学走路开始就有些跟一般孩子不一样的情况。例如，他在很长的时间里，都很难像同龄人那样稳当地行走；他会控制不住自己发脾气；他对人脸的记忆能力特别不好；他会非常焦虑环境的改变，妈妈曾经带他到国外旅行，他在整个旅途中都一直号啕大哭……医院的诊断结果是，蜗牛患有"阿斯伯格综合征"。

彩虹老师深呼了一口气，她忽然明白了一切。她望着蜗牛妈妈的眼睛，坚定地说道："你们放心，我们愿意帮助他。交给我们吧，我们会好好对待他的。"蜗牛妈妈的眼泪夺眶而出，心里的害怕、恐惧、焦虑就这样被一句话轻松化解了。她想，这应该是上天对蜗牛的眷顾吧。而彩虹老师呢，在这样坦诚的、放松而安静的氛围下，她笃定地知道，蜗牛妈妈和她之间，似乎已经形成了一种默契，这中间，没有一点猜忌、埋怨和小心翼翼，有的只是互相之间的支撑和理解。

该怎样帮助这个孩子呢？在对"阿斯伯格综合征"进行了详细了解，并请教了来园指导的郭良菁老师之后，经过思考，彩虹老师决定，首先要让蜗牛在"新的家庭"里面感觉到安全并被接纳，并对他的薄弱点进行强化和引导。

于是，在之后的每一天，我们会看到这样一幅图景：一个小男孩怯生生地跟着妈妈来到幼儿园，老师一接过他，就蹲下身对他说："蜗牛，你看着我哦，我是你的彩虹老师，你要把我牢牢记在心里哦。"

在提出要求的时候，彩虹老师一定会让自己的目光和蜗牛的目光相遇，让他明白，老师正在提醒他按照指令去做。在玩游戏的时候，彩虹老师会参与引导，并拍下蜗牛投入而开心的视频，发给蜗牛的妈妈，让妈妈看到蜗牛放松玩耍的一面。这对蜗牛和他的家庭而言，是无比珍贵的信息。妈妈也会积极跟老师反馈蜗牛在家里的情况。从老师的口中，蜗牛妈妈从来听不到埋怨和教训，永远都是蜗牛的"好"：蜗牛的数学能力很强，蜗牛的节奏感也很好，蜗牛有很多闪光点……

针对蜗牛从来没有心思关注"人"这个问题，彩虹老师和妈妈配合，每天都让蜗牛带一句话或带一样东西回家，告诉妈妈的时候要讲这是彩虹老师说的或这是彩虹老师让带回来的；老师每天也会问蜗牛："今天妈妈让你带来的话是什么呢？"就这样一天又一天，蜗牛慢慢学会了"关注他人，传递信息"。

班里有小朋友过生日的时候，老师会请一些小朋友对小寿星说一句祝福的话，鼓励小朋友进行表达。老师跟蜗牛妈妈商量，让蜗牛在这个活动中锻炼跟他人的感情互动能力。她每次都喊蜗牛去送祝福。一开始的时候，蜗牛根本不会说，总是重复说"生日快乐"，后来，在妈妈和老师的帮助下，他几乎是"硬背下来"的，学会了对小朋友说"祝你越来越高""祝你越来越大"……慢慢地,他自己开始会说"祝你越来越漂亮""祝你越来越可爱""祝你越来越有钱""祝你越来越酷"……更大的惊喜发生在彩虹老师生日那天。小朋友们排着队给老师送去甜甜的祝福，轮到蜗牛的时候，他并没有重复以前的话，而是认真地说道："祝你生日有蛋糕吃，还有礼物盒可以打开！"这是他一年多以来说过的最长的祝福语！彩虹老师十分感动，她马上把这个消息分享给了蜗牛的爸爸妈妈。蜗牛爸爸反馈：从来没有人教他说过这样的话。原来这是蜗牛自己的心里话，他真的慢慢学会表达自己了！

彩虹老师会细细观察，看哪几个小朋友比较喜欢蜗牛。她会告诉蜗牛妈妈，可以跟这些小朋友的家长尝试去做朋友，在休息日的时候，约在一起玩。老师还尽量安排跟蜗牛能有一点点互动、比较喜欢他的小朋友，坐在他的旁边或同他一个小组。

彩虹老师成了蜗牛生命中最重要的人之一，蜗牛在任何时候，几乎都会想着他的老师。他特别喜欢汽车，他画了一辆满意的汽车，会马上展示在胸前，对妈妈说："拍给彩虹老师看。"他唱了一首好听的歌，会马上对妈妈说："你拍，我唱给彩虹老师听。"他会骑自行车了，要拍给彩虹老师看；他会剪纸了，也要拍给彩虹老师看……他但凡学会了任何一项本领，感受到了任何一件开心的事情，第一秒钟想到的是要跟他的彩虹老师分享……

他似乎就是那只往高高藤蔓上爬去的小蜗牛，好像很难看到他在移动，但是，每一段时间过去，他又确实都停在了不同的地方。这只小蜗牛，虽然很多时候默不作声，但也有制造"轰动效应"的时候。

一天，一个老师急急忙忙跑过来，对彩虹老师说："老师，你快去看看吧，你们班的蜗牛好像被一群男孩子追着打呢！""一群男孩""追着打"……彩虹老师被这突如其来的信息"砸"懵了。她赶快跑到现场，很快搞清楚了状况：中班的男孩子们用积木在走廊里搭了很多汽车造型，蜗牛好奇地去拨弄，结果一不小心把积木全推翻了。而且,因为蜗牛特别喜欢汽车,这样的事情不止一次发生,蜗牛"破坏"过不少跟汽车有关的东西。这一次,男孩子们觉得实在忍无可忍了,必须"教训"他一番。

蜗牛妈妈知道了蜗牛在幼儿园的遭遇,她对彩虹老师吐露心声:"老师,一方面,因为蜗牛老是破坏别人的东西,我真的觉得很不好意思,很抱歉;另一方面,听你说他被一群男孩子追着打,我又觉得很可怜和心疼他,我真是……"彩虹老师开导她:"蜗牛妈妈,其实这件事情,也是一件好事,我们要看到积极的一面。虽然他有些不一样,可我们应该在帮助他的同时,让他学习像正常孩子那样去生活、去感知世界。比如,这一次,男孩子们并没有真的对他动手,而是想给他一点教训。可是,他也许就有了这样的意识——对自己的行为要承担后果,不是吗?"

经过这件事,为了帮助蜗牛融入集体生活,彩虹老师和班级老师商量,班里大部分小朋友对"汽车"也很感兴趣,不如开展一次关于"汽车"的主题。痴迷汽车的蜗牛开心坏了,那一个月,他每天都快乐得没边儿,他非常乐意待在自己的班级,连散步都想着赶快回班里,再也不去幼儿园其他角落寻找汽车了。在这个属于蜗牛的"主题月"里,蜗牛也经历了一个特别的"成长事件"。

一天,蜗牛坐在建构区大哭起来。原来,他用积木搭了一个汽车,被木木推翻了。他又气又急,在他的心里,作品被破坏了,这是天大的事情。基于对蜗牛的了解,彩虹老师在他断断续续、碎片化的表述里大概明白了事情的来龙去脉。她静静坐在蜗牛旁边,耐心地等待他的哭声渐渐停下来。终于,情绪平静下来的蜗

南京鹤琴：
一所没有特色的幼儿园

牛尝试着再次组织语言，完整地把事情描述给老师听——但那个时间真的太漫长了。蜗牛的表现，老师用视频记录了下来，在等待他讲出来的那一段过程，时间像凝固了一样漫长，这是蜗牛妈妈看到视频后最真切的感受。她甚至觉得，就算是她自己，也不能耐心地等待蜗牛这样去组织语言，去表达自己。可是彩虹老师让他做到了，他生平第一次表达了这样的意思：别人冒犯了自己，他要求别人道歉。当蜗牛妈妈把整个过程告诉了家庭医生，他们都非常高兴！对于蜗牛来说，这绝对是一个里程碑式的事件。

一年多的时间过去了，蜗牛上中班了。相比刚入园的时候，蜗牛的进步远远超出了妈妈的预期。虽然他还是没办法叫出班上每一个孩子的名字，或者很难把名字跟人对上号，但是他能认识七八个小朋友了；他对彩虹老师打开了自己心里的那扇门，甚至

很多时候能够迅速领会老师眼神的意义了；在集体活动的时候，就算他在一旁晃悠着，但是之后会好像忽然提醒自己一样，按照老师的指令迅速坐上椅子，有时候没坐整齐，他还会默默地往前挪一挪。

老师让蜗牛上台分享的时候，他看上去依然是那么漫不经心，也没有用眼睛看着小朋友或老师。似乎，他是在对自己喃喃自语。但是，他说得是那么好，他在很多方面的知识是那么丰富，他滔滔不绝，享受着一个人的演讲。讲完以后，他会对着大家说："下面，开始鼓掌吧！"这和刚刚入学时的他相比，已经不可同日而语了。

鹤琴幼儿园的很多老师，和彩虹老师以及所有的小朋友一起，包容、温暖着他。对于和蜗牛一样的有特殊需要的儿童来说，这样的"融合教育"，对他们的一生都至关重要。因为，一个好的环境，会慢慢让他们一步一个脚印地赶上来。前行的路不是没有一点雾，妈妈的心中也没有一张路径和终点都完全清晰的地图。但是，这个美好的世界和蜗牛的心已经建立了连接，和其他任何一个暂时有点"不一样"的孩子一样，在鹤琴幼儿园这个大家庭里，他们都会被看见，被照亮，并慢慢走向越来越明亮的前方。

"水天堂"里的小鱼

"柳柳老师!"一群孩子和她打招呼,那是柳柳老师曾经带过的班级。洞洞没喊她,但她看到了洞洞和其他孩子在一起的样子,融洽地有说有笑,一脸灿烂。柳柳老师在想,如果曾经的自己有个魔法水晶球,能看到现在的洞洞,在那个"小鱼事件"发生的时候,她可能就不会那么焦虑了吧。

一年多前的一个夏天,柳柳老师带着孩子们享受午饭后的散步时光。大家排成一排,跟着老师慢慢走着。经过小池塘的时候,柳柳老师说:"我们捡些小石头,明天科学课的时候用,好不好?"有的小朋友开始捡石头,有的小朋友在跟池塘里的小鱼说话,有的小朋友蹲在草地旁边眯着眼睛晒太阳。

忽然,有一个小朋友叫起来:"老师,洞洞用石头砸小鱼

了!""哎呀,小鱼流血啦!"大家"呼啦"一下围到了小池塘边。只见一条红彤彤的、平日里大家很喜爱的小鱼"火火",正在水里艰难地挣扎着,小鱼的身体周围被血迹迅速地染红了。胆小的女孩子把头扭到一旁,有的小朋友担心地问老师:"老师,小鱼会死吗?"有的小朋友焦急地喊:"哎呀,小鱼的肚皮都往上翻了。"

柳柳老师也很意外,她本能地去寻找洞洞。可洞洞已经跑到小池塘旁不远的地方,若无其事地玩着滚筒,似乎其他孩子在谈论着的,是一件与他无关的事情。他用脚规律地拨弄着滚筒,一下,又一下,眼睛茫然地张望着前方,没有内疚,没有恐惧,看不出一丝波澜。

柳柳老师感觉到心里沉了一下。面对这样的状况,她来不及细细思考，深深吸了一口气，然后对大家说："请小朋友们跟着小邬老师回班级去午休吧。"小朋友们点点头，跟着小邬老师走了。有的小朋友边走还边往小池塘看一看。

柳柳老师拉着洞洞的手，把他带到了小池塘边，洞洞顺从地跟着她，没有想要解释什么的意思。柳柳老师问他："洞洞，你觉得故意将石头扔进小池塘对吗？"

洞洞摇摇头。

"那你觉得为什么不对呢？"

洞洞还是摇摇头。

"石头砸在小鱼身上，它会是什么感觉？"

"不知道。"

"你上次在幼儿园把腿擦破了，当时你是什么感觉呢？"

"我不记得了。"洞洞说。

柳柳老师沉默了，她似乎找不到再继续追问的理由。可难道就这样什么也不说吗？她和洞洞，成了两个都很迷惘的人，一起面对面坐在小池塘边。她轻轻用手拍着洞洞的肩膀，和他相顾无言。

沉默让时间显得漫长。过了一会儿，洞洞说话了："什么时候可以回去睡觉？"柳柳老师轻轻地说："那我们回去吧。"

午休时间，柳柳老师将"小鱼事件"跟洞洞妈妈进行了电话沟通。洞洞妈妈对于洞洞的行为表示非常抱歉，她本能的第一反应是："今天他回来，我一定惩罚他。"柳柳老师忽然有点明白洞洞的行为背后可能有些什么样的原因了。洞洞的行为和反应，很大程度上，会不会和他的家庭教育相关。她忙对洞洞妈妈说："千万不要，简单的惩罚不会让事情变得更好，反而会适得其反。但你们需要跟他一起分享和讨论这件事情，尽量从正面的方向引导他。比如，带他看一些关于生命的绘本，激发他的同情心和同理心。同时也请妈妈放心，老师会处理好这件事情，不会让洞洞难堪的。"挂了电话，柳柳老师和小邬老师小声地商量着，她们做了两个决定：第一，不能责备洞洞砸到了小鱼这个行为，让他再承受更大的心理压力；第二，要让这件悲伤的事情拥有积极的意义。

起床后，小邬老师问大家："小朋友们今天都看到小鱼意外受伤了，我们有什么办法可以帮助小鱼吗？"

"可以给它涂点红药水。"

"可以把它送到医院去，让医生给它包扎。"

"可以让我把它带回家去，好好照顾它。"

…………

孩子们七嘴八舌地说着，小邬老师请大家把帮助小鱼的方法画下来。她很好奇，洞洞会画什么呢？孩子们在讨论的时候，洞洞并没有发言，可他一定有自己内心的想法吧。

第二天，孩子们一入园，就惦记着小鱼的情况。当发现小鱼没有死的时候，他们高兴极了。孩子们兴奋地传播着这个消息："小鱼还活着！小鱼还活着！"他们的眼里闪着光，他们的声音，异常兴奋。

可到了中午，幼儿园的聂师傅告诉柳柳老师，小鱼还是离开了。小邬老师用漂亮的玻璃瓶把死去的小鱼好好地装起来，带回了班级。

小邬老师让大家讨论:"小鱼已经离开了,我们还能做些什么呢?"

"可以把小鱼再放回小池塘里,让它回家。"

"可以把小鱼喂给小猫。"

"可以把小鱼埋进土里。"

……

最后,经过讨论,大家决定把小鱼埋在幼儿园里,可以天天陪伴着它。埋在哪里好呢?幼儿园大门一侧的空地不错,那儿安静,人也少,小鱼可以好好地休息了。

隔天的午后,小邬老师对大家说:"小鱼要去天堂了,我们一起送送它吧。"小朋友们认认真真地挖了坑,把小鱼好好地埋葬了,还往新土上盖了一层厚厚的树叶。

柳柳老师说:"大家有什么想对小鱼说的话吗?排好队跟它说一说吧。"每个小朋友都对小鱼说了告别的话,可洞洞远远地站在后面,没有排到队伍里。柳柳老师对他说:"小鱼离开了它的爸爸妈妈,再也看不到这个世界了。洞洞有什么想说的话,去对它说一说吧。"等小朋友们都说完,离开了,他一个人慢慢地走了过去。

只见洞洞双手合十,小声地对小鱼说着什么。一个平日很热心的女孩问老师:"洞洞在说什么呀?"说着,她就想走过去听一听。柳柳老师一把拉住了她:"别去,让他自己说吧,也许,那是他和小鱼之间的秘密呢。"

小鱼的葬礼后，孩子们常常会提起关于生命、天堂和死亡的话题。他们会问老师："老师，小鱼在天堂还好吗？""老师，小鱼在天堂里做些什么呢？"不久后，班级里一个小朋友的奶奶去世了，他请了一周的假。回来的时候，他对大家说："我的奶奶去天堂了。"别的小朋友说："那你的奶奶一定和我们的小鱼在一起吧？"他说："不是的，我们的小鱼在'水天堂'里，我奶奶去的是'彩虹天堂'。"

记得小鱼受伤的当天，小邬老师曾让大家把保护小鱼的方法画下来。洞洞也画了。他的画上，只有一条红彤彤的小鱼，它看起来是那样的惬意，好像正自由自在地畅游在一个美丽的"水天堂"里。

当回头再去看这件事的时候，柳柳老师忽然觉得，自己也许并没有理解当时的洞洞：他的漠然会不会源自害怕？他的漫不经心会不会源自想要规避惩罚？他的冷淡会不会源自道德的压迫？当教师用自己的认知水平去体验孩子的情感世界时，会不会对他们造成许多的误读呢？

柳柳老师虽然没有再问过洞洞，但在她的心里，一直装着一个小小的也许永远都不想也不会等到确定答案的问题——小鱼的葬礼那天，洞洞对它说了些什么呢？

独一无二的甜甜话

　　午休时间,柳倩老师坐到桌前,看着眼前的一大堆各式各样的材料,她下定决心要好好设计,制作一个漂亮的信封,用来装这一学期给孩子们的评语。事实上,她本来已经把信封做好了,是将彩色的黏土搓出来的小花简单地装点在信封上,有一种朴素温馨的美。可是,当她看到其他老师想出来的古灵精怪的点子、做出来的精美无比的装饰,她感到了一丝压力。

　　有的老师结合当年的生肖,把精美的老虎装饰在了信封上;有的老师把每个孩子的照片印在给他的信封上;有的老师还录了语音,把语音二维码贴在信封上;还有的老师结合正在进行的主题,把评语的信封设计得跟主题相关……她感觉自己的那个小信封与之相比,显得有些"相形见绌",似乎,她应该想出一个跟别人一样让人眼前一亮的点子，做出一个跟别人一样让人过目难忘的信封。

但不知道为什么，她在努力尝试裁剪、设计一个新的"信封礼盒"的时候，心底忽然冒出了一丝这样的声音：把每个学期的信封都做得这么精美，形式都弄得这么多变，究竟是为了什么呢？做这件事情的价值，是这件事情本身吗？对于孩子而言，形式本身到底有多么重要呢？

作为一名新教师，她对于自己的疑惑是忐忑的。她也并不确定，自己这样的想法到底有没有支持者。于是，她试着去找幼儿园里一些"资深"的老师探讨。

她听到了一些让她很触动的故事。

第一个故事，是关于曼曼老师的。曼曼老师每一次写评语，都要把上学期的评语拿出来看一遍。这么做的目的，是她要让自己确定，在过了一个学期之后，她的评语里面有没有孩子的变化和成长，能不能体现出老师在这一个学期里对孩子的用心观察和记录，以及对此的思考和表达。

第二个故事，是关于杨柳老师的。杨柳老师在班级里做了一个尝试，她把她给孩子们写的评语，一个一个读给孩子们听，然后让他们猜一猜，这是老师写给谁的"甜甜话"。杨柳老师高兴地发现，即使是小班的孩子，也无一例外地能够从老师的评语中猜出来，这是老师送给谁的"甜甜话"。

她迫不及待地问杨柳老师要来班上所有孩子的评语，当她一行一行专注地阅读的时候，她确实被杨柳老师对每一个孩子的熟悉和用心所打动——

你热情、聪明，学本领时特别专注、认真；你对世界充满了好奇，用眼睛去发现，用双手去探究，还能用嘴巴说出自己的问题与思考；遇到困难时，你总能动脑筋，想办法，也帮助我们小二班解决了不少生活中遇到的问题：如果小朋友们都想画九九消寒图怎么办呢？游园会不知道要玩什么游戏怎么办呢？无论是日常运动锻炼，还是去水果店的路上，你都能坚持，不喊累，还会给其他小朋友鼓劲加油。

作为小二班的大哥哥，你爱运动、吃饭好、睡觉香，学本领时也很认真，还是老师们的小帮手，也是小朋友们的好榜样！你爱探究和动脑筋，更有一双善于发现的眼睛：老师的口哨和爸爸送给自己的小海螺有点像，影子也跟着我们一起回到了教室。你有一双灵巧的双手，不仅能涂出漂亮的颜色，画出自己的想法，做出好看的鞭炮，还会用来帮助需要帮助的人。

你的眼睛里闪烁着认真与专注，就像小星星一样亮晶晶的；你对待朋友的时候热情又包容，无论是谁遇到了困难，你都很愿意伸出自己的双手，去帮助他们；你懂规矩、有礼貌，还会用自己的行动去带动身边的人，让他们也变得更好；你在学本领的时候专注又投入，总是很积极地举手回答问题，而且总能想出好办法。这样的你身上充满着正能量，是小二班的好榜样！

……

柳倩老师心中的疑问渐渐散去，她似乎有些明白了：仪式感很重要，用心为孩子们设计信封也很好。然而，最重要的，还是评语本身，是内容本身，是让孩子们感觉到，在老师的眼里和心里，留着属于他们自己的一个位置。

她释然了，她不再追求一定要"创新"出别人都没有的形式，或一定要制作出有着"颠覆"效果的视觉体验的外观。她也用二维码为孩子们录制了语音评语；她也选用了孩子们喜欢的主题形象来装饰信封，并且和孩子们一起来完成制作；她也在每一个孩子的评语信封里附上了他们在幼儿园里和小伙伴的照片……当然，她最在意的是，像杨柳老师那样，把孩子们在自己心里的模样一个一个、仔仔细细地用心描绘出来……

努力的人永远拥有好运气。她的付出得到了孩子们非常热情的反馈。

孩子们领到评语卡片回到座位后，就迫不及待地跟身边的小伙伴交流起来："这个是我，那个是你哦。"他们互相分享评语上的装饰："这个是我做的，你想看看吗？让我看看你做的是什么样的。"

多宝妈妈在家长群中发了视频，视频的内容是多宝在听到老师语音评语后的反应。柳倩老师听到了自己的声音："亲爱的多宝，你好呀！你是一个古灵精怪的小女孩……在我们搭建大斜拉桥的时候，老师惊讶于你的严谨和认真，当老师在参观'工地'现场的时候发现，你就是一个非常棒的小小工程师哦！"视频里的多宝，快乐、手舞足蹈地对爸爸妈妈说："嘘，嘘，别说话，让我听一听老师跟我说什么!"播放了一遍之后,多宝又对妈妈说:"妈妈,让我再听一遍好吗?我没有全部听清楚,让我再听一遍吧!"

这稚嫩的童声在柳倩老师的耳边回荡,甜丝丝地流淌进了她的心里。她忽然有种感觉,这也是她收到的一句"甜甜话"呀,这是孩子对老师说的一句独一无二的"甜甜话"!

园长说:

从热爱儿童到看见儿童

热爱儿童不是一句空洞的口号。对幼儿园教师来说,它有着丰富的内涵。一个专业工作者对儿童的爱,意味着对生命力量的发现和敬畏,意味着对成长变化的关注和敏感,意味着对个别差异的包容和尊重。

对儿童的热爱,源自人类保护其后代的生物性本能,却因着我们对儿童发展进程的理解,而拥有了更丰富的内涵。它是见证儿童成长的欣喜之情,也是接纳每个儿童的慈悲之情。从这个意义上说,它就不仅仅是一种本能之爱,而升华为一种理性之爱、道德之爱了。

在我们幼儿园,好像从没必要把热爱儿童专门列为师德教育的一个主题,却经常听到老师自发地去交流孩子的各种表现。是的，老师对孩子的热爱，都融入对孩子行为的分享、解读和讨论中去了。

我们更强调的是看见儿童，也就是对儿童的观察和评估。

看见儿童首先是一种态度。这种态度与其说是科学的态度，不如说是敬畏的态度、理解的态度。儿童的行为表现是很复杂的，我们无法从简单的因果关系来判断或解读儿童的某一个行为。在没有找到真正的原因之前，保持对儿童的宽容态度也许是更重要的。儿童是一本永远也读不懂的书，就像洞洞砸小鱼的事件中，他为什么那么做？他心里是怎么想的？他最后对小鱼说了什么？我们无从得知。我们也不必知道。我们应该关注的，或许是洞洞有没有因此而感到心理紧张，以及如何与家长一起营造一种更为放松的氛围，让他在被爱中学会去爱。

当然，看见儿童也是一种专业能力。只是通常我们提到对儿童的观察与分析，在强调科学性、客观性的时候，却忽略了它首先是一种交往性的理解的过程。经常有园长抱怨，教师不会分析儿童行为，试图寻找一种速成式的训练方法，让老师"学会"观察儿童。这种努力其实是徒劳的。

在我们幼儿园，并不是把观察评估作为一种技术来训练的，而是相信观察评估首先是人与人之间的相互理解，相信人人都是评估者，时时处处有评估。我们鼓励教师关注和记录儿童行为中真正打动自己、触动自己、让自己有所领悟或者感到困惑的片段，从中看见儿童的成长变化，看见儿童的个别差异。从对儿童的本能性理解出发，逐渐向着专业性解读发展。

因此，看见儿童的能力，是教师专业发展的重要内容。为了支持教师的成长，我们制定了《儿童发展观察评估指引》，为教师梳理出儿童在各个领域的发展进程。不过这只是一个粗略的框架，教师需要用自己的观察来丰富自己对儿童发展进程的理解。我们相信，观察评估能力是教师的核心专业素养。它是毕生发展的任务，而不是一劳永逸的事情。只要我们愿意和儿童在一起，眼中、心中有儿童，我们就会不断看见儿童发展过程中丰富多样的细节。

静静地等待

小孩子的小心思

每一个大人都曾经是孩子。生命中太多美好的东西就仿佛鲜花一样,无论我们多么留恋和珍惜,都会成为过客。

童年也是一样。

我们羡慕孩子的纯真,也许,更多的是向往那种简单的心境。我们知道自己曾经是孩子,但也明白永远不可能再完全像孩子那样去思考和感受。我们在成长,同时也在不断地失去;我们在失去,同时也在不断地获得。

那么,当教师面对一群天真稚嫩的孩子,面对孩子在成人看来完全"没有规矩、不讲规则"的举动,教师应该怎么做呢?教师怎样才能在理解幼儿的同时去引领他们?

南京鹤琴：
一所没有特色的幼儿园

* * *

回到队伍里

晨间锻炼结束了，提醒幼儿进行早操准备的音乐已经响起。中二班的几个小朋友在听到音乐后并没有往做操的场地走，而是依然停留在彩虹跑道后面的大循环处游戏。杨老师招呼他们："申申，顺顺，萌萌，小柠檬，小蘑菇，杰瑞！做操的音乐响了哦，你们现在该怎么做呢？"申申和杰瑞听到老师的话，停下游戏往前走了两步，转头发现身后的四个小伙伴并没有任何反应，又跑回去继续游戏。

这种情况并不经常发生，杨老师也有点惊讶。她走到几个人身边，问道："中二班其他的小朋友们现在在做什么呢？"小蘑菇回答说："在做操。"杨老师又问："那你们在做什么？"顺顺说："我们在玩。"杨老师用严肃的语气对他们说："如果你们不想和中二班在一起，那就去其他的班级。"

小蘑菇觉得事情似乎有点严重，他带着微微的哭腔说道："我不要，我要和中二班在一起。"而其他的五个小朋友并没有意识到老师想要告诉他们的"群体"概念意味着什么，依然笑眯眯，不以为然。

杨老师问小蘑菇："小蘑菇，你要和中二班在一起，那大家做操的时候，你该做什么呢？"小蘑菇说："我也做操。"杨老师再问："那什么时候可以自己来玩大循环呢？"小蘑菇说："上午锻炼的时候,还有下午游戏的时候。"

杨老师让小蘑菇回到中二班的队伍里跟大家一起做操,她带着另外五个小朋友来到了彩虹跑道旁边的大三班。

她蹲下来问他们:"你们明白为什么老师要把你们带过来吗?"

顺顺说:"因为我们在玩。"

杨老师说:"老师也很喜欢玩啊,玩有什么不对吗?大循环那么好玩。"

顺顺说:"但是玩着玩着就不好玩了。"杨老师追问:"为什么会这样呢?"

杰瑞意识到了,他说:"因为我们这时候本来不应该玩的。"

杨老师又问了一遍:"那你们应该做什么呢?中二班其他的小朋友在做什么?"

大家齐声回答:"他们在做操。"

杨老师说:"中二班只有一个人吗?"

顺顺说:"不是,有很多小朋友,还有老师。"

"那么,当你们不跟随集体一起活动,杨老师提醒你们半天,但是都没人听到,我的心里会有什么感觉?"

小柠檬小声说:"老师会不开心。"

顺顺做了一个委屈的表情,说道:"老师会很伤心。"

杨老师说:"老师会很失望。你们知道老师为什么失望吗?因为老师相信你们都能够管好自己,但是你们却没有做到,这时候,老师就会觉得——"

五个小朋友一起说:"很失望!"

顺顺说："我们不想再让老师失望了。"

杨老师说："如果你们想回到中二班，那你们要帮中二班的小朋友们一个忙——一会儿我们要去大礼堂，但是我们班在大礼堂的椅子还没有排好，你们愿意帮大家排好吗？"

五个小朋友开心地叫起来："愿意，愿意，我们愿意。杨老师，我们快去排椅子吧！"

* * *

"我是尺子组的"

中班开学初，为了培养幼儿的合作意识和协商意识，老师请小朋友给自己的小组取组名。

月月、暖暖、潼潼、可乐、源源和墩墩是一组。老师让大家提议、投票选组名的时候，月月和暖暖两个小丫头已经提前商量过了。

月月说："我跟暖暖都觉得叫城堡组很不错。"

暖暖说："对呀，像公主的城堡一样，多好啊！"

潼潼想了想，说道："好吧，那就叫城堡组吧。"

可乐看着压在透明桌垫下面的调查表，说："咦，我们的桌子上面有彩虹色哎，我们组就叫彩虹城堡组吧！"

其他几个小朋友都点头表示同意，觉得"彩虹城堡组"是一个令人满意的组名。

只有墩墩一言不发，他似乎不同意，但也没有主动去反对什么。

这时候,小叶子老师问道:"墩墩,你同意叫这个名字吗?你想要取什么名字呢?"

墩墩说要给小组取名"尺子组"。老师问他为什么,他说:"我喜欢工具,尺子是一种工具。"

小叶子老师听了,对他说:"咱们组有六个小朋友,现在意见不统一,那只有通过投票的方式来决定了。"

结果,除了墩墩,其他五个小朋友都选择了"彩虹城堡组"这个组名,以5∶1的压倒性优势取胜!

然而,墩墩在心里面并没有认同这个组名,他坚持说"我是尺子组的"。

接下来的几天里,他在各种活动中都拒绝跟"彩虹城堡组"一起。

老师让"彩虹城堡组"的小朋友搬椅子,墩墩像没听见一样,一动不动。

老师说:"墩墩,你怎么不搬椅子呀?"

墩墩说:"我不是'彩虹城堡组'的!"

做操的时候,墩墩也是一个人远远地站在一个地方。

老师问:"墩墩,你怎么不做操?"

墩墩说:"我是尺子组的,这里没有尺子组。"

小叶子老师有一点无可奈何。

每当"彩虹城堡组"需要集体活动或共同完成任务的时候,墩墩都态度消极,不配合,不理会。

但小叶子老师想,墩墩愿意参与投票活动,说明他意识到可以通过与大家协商来解决问题,只不过他还不能做到"自觉遵守协商约定的规则,接受协商结果"。这是中班孩子在社会领域"融入群体生活中"经常会遇到的问题,但也是中班孩子的学习与发展目标。虽然墩墩现在没有办法调和自己与他人的矛盾,但中班才刚开始,相信他一定会逐渐做到自觉遵守规则的。

于是老师默许墩墩以"尺子组"的成员存在。

那一个让小叶子老师没准备好就降临的"惊喜"来得很突然。有一天,孩子们吃完了午餐,小叶子老师要喊大家准备排队散步了。当她喊到"彩虹城堡组"的时候,墩墩非常迅速而自然地跟着整个组的小朋友排到了队伍里。"尺子组"这几个字都已经自然而然地溜到了她的嘴边,她使劲地"咽"了下去。

那一天接下来的所有活动中,墩墩都认可了自己"彩虹城堡组"组员的身份。小叶子老师激动地肯定了这一点:那不是一个偶然,墩墩用实际行动告诉了她"他选择了认可投票规则,选择了同意少数服从多数的原则"。

孩子们的小心思,让远离了童年的成人很多时候都捉摸不透,有时候他们会无端地哭泣,有时候他们会倔强地坚持。我们遗忘了自己曾经也有过那些"不可思议"的想法,我们甚至都不能完全明白他们为什么又猝不及防地释然。可是,当我们选择用宽和之心、耐心、慈悲之心去守护和遥望,也许,彼此间的关系会更加融洽,孩子们的世界也会更加的温暖。

一个臭臭的、臭臭的故事

也许,每个小朋友都有一件或几件"不乐意"的事儿。有的"不乐意"大人可以理解,有的"不乐意"大人未必能感同身受。但是,他们的可爱和有趣,也有一个个"很乐意或不乐意"的呈现。那是童心深处的秘密,成人也许望不见尽头,"虽不能至,心向往之"。

曼曼老师班上的诺诺就有这样一个藏在心里的"不乐意"。他不乐意什么呢?他不乐意上幼儿园的厕所。所以,如果在幼儿园想大便了,他总是憋着,有时候,难免就会拉裤子。

诺诺很多时候不太喜欢跟大家一起玩,而是喜欢一个人玩。他有一些很鲜明的特点,比如,在家奶奶喜欢让他玩面团,他在幼儿园就特别喜欢油泥,对油泥的兴趣要远远高于其他;比如,

南京鹤琴：
一所没有特色的幼儿园

他对于数字特别敏感，数字似乎是他最好的朋友，一开始，他喜欢在嘴里念数字，后来他学会了用油泥捏数字，再后来，他用乐高搭数字……虽然只是中班的小朋友，可对于一百以内的加减法，他都能对答如流；虽然他跟小朋友的交流和沟通不是很频繁，但他特别喜欢跟老师聊天。很多时候,他的聊天内容也显得那么"与众不同"。他会指着钟表考老师："老师，现在几点几分啦？"不等老师回答，他自己就把精确的时间说了出来，然后得意地哈哈大笑；他在春游中听到导游介绍朱元璋的时候会问老师："朱元璋的'璋'是什么'zhāng'？"在曼曼老师的心里，他是聪明的、特别的。对于诺诺的这些"不同"，她选择理解和包容，并且她并不认为这是什么"不好"。

其他的尚且还好，可诺诺偏偏又是一个特别爱干净的孩子，每次裤子拉脏了，他都很不开心。曼曼老师想，老是拉脏裤子这件事情，会不会对他的心理造成不好的影响？曼曼老师决定找他谈一谈，到底是什么让他"不乐意"呢？

一天，曼曼老师看到诺诺一个人在搭积木，她来到诺诺身边，借机引出话题："诺诺，你可以告诉老师你的小秘密吗？"诺诺说："我没有秘密呀。"曼曼老师说："每个人都有自己的小秘密，曼曼老师也有。比如，为什么不乐意在幼儿园拉粑粑，这也是诺诺的秘密呀，对不对？"诺诺咬着嘴唇，思考了一阵，他忽然抬起头来说："曼曼老师，这不是秘密，只是一个原因，因为我害怕。""你怕什么呢？"曼曼老师没想到他这么坦率，赶紧追问。"我怕那个洞把我吸进去呀！我要是掉进去了怎么办？那我就出不来了，看不到老师和同学,也回不了家了。"曼曼老师笑了,她对诺诺说:"你的担心不是一点道理没有,但是那个洞非常小,只有小蚂蚁、小蚂蚱会掉进去,诺诺不会呀。你看,我们所有的同学也没有掉进去过。"诺诺看了她一眼,不说话,又转头搭积木了。曼曼老师没有想继续说服他,因为她明白,成人和儿童的认知之间,老师和孩子的心灵之间,有着一座看不见的桥,有的时候你能走得过去,有的时候你暂时走不过去,但有时候等待或许可以解决问题。她决定慢慢观察,再给诺诺一些时间。

直到发生了那个"臭臭的、臭臭的故事"。

如果要回想起诺诺那一天的"壮举",见证了那个现场过程的每一个老师,估计都可以变身成为一个"脱口秀"演员,因为那个事件实在是太具有"画面感"。

那天的阳光特别的灿烂——带来了南京很少有的一丝云都没有的天空,天空湛蓝湛蓝的,是让人忍不住哼起歌的那种蓝。晨间锻炼时间,孩子们像草原上的小马,无拘无束地奔跑着,玩得不亦乐乎。在幼儿园的大滑梯旁不远处站点的,是姗姗老师和小远老师,她们浅浅地谈笑着,和孩子们一起享受着大自然温暖的气息。谁也没有想到,一个不亚于"暴风骤雨"的事件,会在这个没有一丝云的日子,从天而降。

小远老师用目光环视着周围进行晨间锻炼的孩子,忽然,她发现诺诺蹲在滑梯的上方,一动不动,持续了有十几秒钟。她对姗姗老师说:"哎呀!诺诺在那干吗呢?他是不是在……"姗姗老师喊:"天哪!诺诺拉粑粑在滑梯上啦!"

小远老师跑到滑梯边,对周围所有的小朋友喊:"听老师说!大家都不要过来!不要动!"一瞬间,仿佛所有小朋友一起进入了"木头人"的游戏,他们的"动作"都定格在了那一瞬间。她又朝滑梯上喊:"诺诺,你别往栏杆上蹭了,你快点儿把裤子穿上。你快点下来吧!"诺诺不看她,也不说话。

周围的小朋友不知道发生了什么事情,一动不敢动,好奇地看着小远老师和诺诺僵持在那儿。"怎么办?怎么办?"她在心里问自己,怎么才能让诺诺从滑梯上下来呢?这时候,诺诺班的保育老师也闻讯赶来了。保育老师站在滑梯旁,对着诺诺大喊一声:"诺诺,你快下来!"诺诺一听,直接往滑梯上一坐,"哧溜哧溜"往下滑……他"呼"地一下坐到了地上,保育老师赶快把他扶了起来,问道:"你怎么在滑梯上就拉啦?走,走,咱们赶快回班里换了吧。"小远老师锲而不舍,她追在后面喊:"你把裤子提上啊!"诺诺磨蹭着,不愿意穿好。保育老师说:"要不先就这样吧,咱们赶快回去换。"诺诺的裤子兜在脚踝那儿,像一只小鸭子那样,牵着保育老师的手回班了。

小远老师忙把其他孩子疏散到别的场地活动。孩子们都叽叽喳喳地问个不停:"老师,他是脱裤子滑滑梯的吗?""老师,脱裤子滑滑梯是不对的,那样不好滑,而且还会把屁股擦破,我从来都不脱的。""老师,诺诺今天是不能再玩滑梯了吗?"小远老师对他们说:"对呀,脱裤子滑滑梯一点儿也不舒服,是不是?以后你们可记住了,千万要穿着裤子滑滑梯。"过了一会儿,诺诺换好了裤子,又神气活现地回来了,他"嗖"地一下就爬上了滑梯,继续开心地滑起来，似乎一点儿也不在意刚刚发生了什么，也不问一声被老师们迅速清理掉的"痕迹"为什么不见了。

曼曼老师回来后第一时间听说了这件"大事儿"，她感到有点儿惊讶，当然，也很困惑，她似乎无法想象当时那个场景，也不能理解诺诺行为背后的原因。她向园里申请调出了当时的监控，全程完完整整看了一遍。她一边看一边想着，应该跟诺诺的家长好好地沟通这件事情。

曼曼老师跟诺诺妈妈一起再一次观看了当时的监控画面。诺诺妈妈的眼睛，紧紧盯着监控画面，仔细、认真地看着。当她看完了整个过程，神情之中闪过一丝尴尬，她有些不好意思地对老师说："曼曼老师，真是抱歉，诺诺在幼儿园给你们惹了这么大的麻烦。可我也实在不知道，针对这样的情况，我们家长可以做些什么？如果老师有什么建议，我们一定照做。"诺诺妈妈的反应，在意料之中。曼曼老师赶快安抚她的情绪："诺诺妈妈，你不用有任何负担，我让你看监控，只是想跟你一起分析诺诺这样做背后的原因。我觉得可能还是由于他对幼儿园的蹲坑有害怕的感觉，并且他又没有养成特别规律的大便习惯，才会发生今天这样的事情。也许，解决这类事情的关键点在于让他能够从心理上接受幼儿园的蹲坑，不再惧怕自己会掉到洞里去。"诺诺妈妈对老师连连点头："是的，是的，这个问题我们一定要重视起来。回家我就跟他爸爸一起想办法。"

后来，诺诺妈妈尝试了很多方法，买了跟幼儿园蹲坑一样的道具让诺诺熟悉，到公共厕所的时候让爸爸带他认识蹲坑，等等。

诺诺并没有像老师和爸爸妈妈期待的那样,很快地"表示"不再害怕那个他心里特别恐惧的"洞",他还是不愿意在幼儿园拉粑粑。然而神奇的是,他似乎因为那个事件长大了一些。从那以后,诺诺就很少出现在幼儿园拉脏裤子的情况了,到了大班上学期的时候,他再也没有拉过裤子。而且,曼曼老师相信,诺诺一定会克服对蹲坑上那个"洞洞"的恐惧,老师和家长期待的那一天,迟早会到来。

至于那一天还要等多久,曼曼老师没有做任何预设,毕竟,孩子的心思是那么奇妙。也许,在诺诺的心里,"在幼儿园便便"是一件天大的事儿,要做到这件事,必须跨过心里那一道很难的坎儿。这需要勇气,也需要时间。

曼曼老师愿意跟他一起慢慢地等待。

耐心站在彼岸

班级里正在开展"我爱南京"主题活动,源源站在台上,面向同学们,拿着小话筒,做起了"小导游"。这一天,源源介绍的是"夫子庙"。他清清楚楚、不慌不忙地说着:"大家好,我今天给大家介绍夫子庙。我在夫子庙看到了江南贡院,江南贡院是给很多人考试的地方……"他还讲了中国科举博物馆,讲了夫子庙的小吃街……虽然,他看起来依然有那么一点儿的羞涩,他的声音还显得不够洪亮,但是,这样流畅、自如、完整地在集体面前做这么长篇幅的表达,对于源源来说,已经是一个非常了不起的进步。

正如源源妈妈对老师说的那样:"他这是经历了三波,终于上岸了。"

南京鹤琴：
一所没有特色的幼儿园

　　源源妈妈所说的"三波"，也许可以理解为老师为源源创造的三次不同的机会，也许可以理解为源源自己去努力攀登的三个小小的山坡，再或者，那是属于源源妈妈的三段外人看来风平浪静、自己内心却波涛汹涌的心路历程。

　　五月下旬，正是南京温度最宜人的春天。中一班选择在这个时节进行"我爱南京"主题活动，鼓励小朋友们跟着爸爸妈妈，走一走南京的大街小巷，在这座被称为"古董铺子"的文化名城里，去认识自己生活的地方，感受这座城市独有的魅力。

　　一天，周周老师给大家布置了一个小任务：利用周末的时间，爸爸妈妈带着孩子选择南京的一个地方游玩。下周一让幼儿在班级里展示，体验做"小导游"的感觉，老师根据小朋友们的表现打分，给大家颁发"导游证"。

　　周末很快就过去了，周一那天，一个又一个的"小导游"迫不及待地想要上台去分享自己的经历。

　　萌萌说："我介绍的是美龄宫。美龄宫周围被一圈梧桐树包围着，从天上看就像是一条项链一样。而美龄宫就是项链上的宝石……"

　　大果果说："我介绍的是中山陵。中山陵那边有一些二维码，小朋友们可以自己去扫二维码，听一听。进中山陵还要在手机上预约，大家千万别忘了带手机去中山陵哦。中山陵里还有……"

　　妹妹说："我介绍的是朝天宫。朝天宫的台阶上有石狮子，还有一些小石狮子宝宝，它们是不一样的……"

　　小朋友们介绍得都很不错，大家跟着这一个又一个的"小导游"，好像真的把南京这座大城市"走"了个遍。

轮到源源上场了。他有点迟疑地走到同学们面前，站在那儿，用小手不断地绞着自己的衣角。源源平时在集体面前会比较害羞、不太善于表达。这一次，源源显得尤为紧张。他沉默了一会儿，感觉特别为难，在老师轻声的鼓励下，他连一个字都没办法说出来。周周老师感受到了源源的情绪，她请源源先坐下，继续让下一个小朋友开始讲。同时她留意观察了源源几次，源源脸上的表情显得很失落。

课后，老师把小朋友们的视频分享到了家长群。因为源源没有说话，没办法分享，于是周周老师一下班就及时地跟源源妈妈进行了线上沟通。

周周老师给源源妈妈发信息："源源妈妈，今天群里的视频没有上传源源的。源源今天上去之后，感觉比较紧张。我想了解一下，你们在家里有没有和源源一起准备'小导游'的内容？"

源源妈妈很快回复了："我正想跟老师谈呢，老师的信息就发过来了。源源今天一回到家，就跟我讲了这件事情，他心里应该是不好受的。可是怎么办呢，在家里我们都好好捋了几遍，给他认认真真练习过了，他也讲得很好。我也没想明白，为什么他在幼儿园就一句话都讲不出来呢。"

周周老师劝源源妈妈不要着急，这一天讲不出来，可能是他特别看重这次准备好的演讲，或是还没有记得特别熟练，所以不敢大胆表达，也可能是太紧张，一下子就全给忘了。不管是什么原因，她建议源源妈妈再带源源在家里多说一说，给他多一点鼓励，对他说的内容多一些肯定，他如果有成竹在胸的自信，可能就比较敢说了。

周周老师还真诚地对她说:"有时候,如果问到一些开放性的问题,老师喊到他,他站起来之后确实不太敢表达,老师一直鼓励,他会小声说一个答案;很多时候,如果我们问到一些源源觉得答案很确定的问题,他会兴奋地举手,大胆地表达。"

但这并没有消除源源妈妈的担心,她追问老师:"唉,这孩子!班上像他这样的小朋友多吗?"

周周老师说:"也有相似的,每个小朋友都不一样,不要过于担心。今天,我们班也有几个小朋友由于准备不充分或者声音太小,没有获得导游证。你们带着他在家多练练,如果方便的话,在周末的时候再带孩子去一趟夫子庙,帮助孩子丰富经验,加深

印象。我们还会有一次争取导游证的机会哦。"

过了几天,周周老师对源源说:"源源,你在家里有没有多多练习'小导游'的词呀?"源源看着周周老师,点了点头。"老师为你的坚持点赞。下周一,我们再来尝试一次,好吗?"

可到了下一个周一,第一次没有通过的小朋友们,都表现出了很大的进步,胸前挂上了红红的小导游证。源源还是一个字也说不出来。

在午休的时候,周周老师把源源喊到一边,让他单独跟老师们说一说。没想到,源源完完整整地把导游词说出来了。他说得这么好,可为什么在课上不敢说呀?周周老师虽然很费解,但她想,自己作为一名呵护儿童心灵成长的幼儿教师,即使没办法完全感同身受,至少也应该做到理解和包容。

她把源源在老师面前讲述得特别好的视频发给了源源妈妈,告诉她不要太急切。源源妈妈对她说:"周老师,上周六下着雨,我和源源爸爸冒着大雨带他又走了一遍夫子庙。全程去什么地方,看什么东西,都是尊重他的意愿,我们还去吃了小吃,买了他最喜欢的蓝砂石。回家后他还练了几遍,还跟我们说,最后要和小朋友分享他的蓝砂石,结果……唉!"周周老师安慰源源妈妈:"也不要过于焦急,这说明源源的能力没问题,就是有点害羞。这个可能需要慢慢来呢。"源源妈妈说:"不管怎么样,作为妈妈,真的很感谢老师们给他的耐心和帮助,谢谢老师对源源的用心!"

几天过后的一个晚上,源源妈妈给周周老师发来了一段小视频,是源源在家里给爸爸妈妈当"小导游"的场景。视频里的源源表现得比上一次在老师面前的还要好。周周老师说:"源源在家讲得真好呀!我们明天再试试,让他说一说。"源源妈妈说:"好的好的,谢谢老师。这次老师试试不要给他录视频了,也许他想着正在录视频要讲得好一点,不能错,就更不敢说了。"周周老师感叹源源妈妈的细心周到,她想,就这样做,一定再试一次。

这是源源的第三次尝试了——他表现得很好。全班小朋友一起夸奖了他,都认为他通过了,可以给他颁发"中级导游证"了,要不是因为声音低了一点儿,就是"高级导游"啦。但这对于源源来说都不重要了,重要的是,他"上岸"了。

他迈过了心中的那个障碍。给他力量的,是在大雨滂沱中带着他再次感受夫子庙的爸爸妈妈,是在静默里选择尊重和鼓励的老师,是在笑容里给予善意和掌声的小朋友们。

也许,源源在这一段"游"得稍微慢一些,但他仍以自己的节奏,安安静静地"游"到了"岸边"。他的爸爸妈妈,经过这一段陪他走过的不同寻常的心路历程,更加明白了"等待"的意义。在家长和老师们的互相支持、配合下,大家不焦虑,不着急,共同给予他"安静"的目光,"安静"的期许,就连帮助,也是"安静"的,像春天里一场细微的雨。

源源变得越来越棒。看着现在的源源,再想到当初他刚入园时的样子,周周老师深深地感叹:在教育这个问题上,只有望向远方,才会觉得眼前不过是小小风浪。

每个孩子都在按照自己的节奏成长,最好的支持就是温柔地等待。

每一条小径都通往花园

十月末的南京,已经有了初冬的气息,窗外月凉如水,漫天的繁星辉映着银色的月光。鹤琴幼儿园年轻的云朵老师趴在自己的书桌前,仰头看到的却是一片暖暖的金黄。在这一天,她非常顺利地完成了自己设计的一堂儿童诗歌课"月亮",所有听课的老师,都用他们的目光和笑容向她传达了这样的信息:这堂课,她上得很好。然而,只有她自己知道,一如演员跳出一支优美的舞蹈,她的这一堂儿童诗歌课的背后,藏着多少努力和思考。

作为鹤琴幼儿园的创园教师,云朵老师是属于"元老级"的。可是,从2016年开园到2021年,整整五年的时间,她从来没有开过"园级"以上的公开课。事实上,云朵老师是一位非常内秀、敏感、细腻的老师,她不声不响默默做好自己分内的事情,把自己的班级带得诗意盎然。她是安静的、含蓄的,慢悠悠、不着急的。这或许也跟张园长在幼儿园里营造的氛围有关。

五月中旬一个周末的晚上,云朵老师收到了张园长的一条信息:"云朵,6月18日,周五,你跟我去长沙上一节语言课吧!听说你上次的语言课上得很棒。"她赶紧回复:"好的,谢谢张老师。就是还没开过对外的公开课,心里没底,有点慌。我马上着手准备起来。"张园长简简单单回复了几个字:"嗯,理解,不用慌。"

那一个晚上,云朵老师失眠了,那是一种兴奋和忐忑夹杂在一起的心情。她明白,自己始终是要迈出这一步的,可当这个具体而清晰的任务到来的时候,她还是有些紧张。她鼓励自己:"去做害怕的事,恐惧就自然会消失。"

"就上一堂诗歌课吧。"云朵老师想。热爱阅读的她,特别赞同"诗歌是语言的钻石"这个说法,那些凝练干净的文字,表达了层次丰富的情感,在她眼中,这是一种非常美好的文学形式。她赶快跟自己的好朋友——鹤琴幼儿园语言教研组的静雯老师商量起来。最后,她们选定了《夏天的歌》这首诗歌:

夏天的歌,在哪里?"蝈、蝈、蝈",在绿绿的草丛中。
夏天的歌,在哪里?"知了,知了",在高高的大树上。
夏天的歌,在哪里?"咕呱,咕呱""哗啦,哗啦",在清清的池塘里。
夏天的歌,在太阳帽里,在小花伞里,在甜甜的西瓜里,在小娃娃乐呵呵的笑声里。

她俩都觉得，开课的时间正好是在夏天，这首诗歌的内容很贴近孩子的生活，四个排比句朗朗上口，便于中班孩子记忆、感受，里面的拟声词也很有趣。

选定一首诗歌容易，要上好一堂课却很难。五次试教，每一次都有新的困惑。语言教研组的老师们跟她一起感受过程，寻找原因。这其中，有很多很多微小的灵感在一起碰撞，有很多很多新鲜的巧思让她获得成长。让她印象最深的，是跟编辑许老师的一段对话。在一次试教之后，云朵和听课的老师们都有这样一种感受：课是顺利地完成了，可是，儿童诗歌课该有的那种心灵的交流和表达还欠火候。云朵似乎还没有找到那个跟儿童心灵共振的"点"。要不向编这套教材的编辑请教一下？她会有什么好的想法和建议吗？

云朵联系上了编辑许老师，很真诚地提出了自己的疑惑："许老师，诗歌的最后一句'夏天的歌，在太阳帽里，在小花伞里，在甜甜的西瓜里，在小娃娃乐呵呵的笑声里'，这小娃娃笑的时候有声音，吃西瓜的时候有声音，那太阳帽和小花伞的声音在哪里呢？"许老师启发她："你看看，太阳帽下面是谁啊？又是谁撑着小花伞呢？""哦……"云朵好像忽然感受到了什么。她明白了，有声音的是歌，难道没有声音的就不是歌了吗？而且，诗歌是生活的表达，她的课，上的是诗歌，歌唱的却是生活，她怎么能太过于局限在几句话里呢？只有从孩子的眼光去看、去想、去听，走进孩子的整个生活去连接童心，才能跟他们一起享受一个美好的课堂。"功夫在诗外"——她好像忽然才懂了这句烂熟于心的话。

南京鹤琴：
一所没有特色的幼儿园

　　她迈出了那一步，而且步伐漂亮。在长沙，她顺利地完成了公开课。她是一个并不善于用言语去表达自己情绪情感的女孩，但她用行动表达了自己的感激。新学期开学以后，配合中秋节的活动，她自己设计了一节诗歌课"月亮"，感觉很不错。于是，云朵主动报名了学科教研组的公开展示活动。是的，"主动报名""公开展示"，也许，在一些特别自信、大胆、活泼外向的老师看来，这都是自然而然的事情。但只有云朵自己明白，这对于她而言，意味着什么——她跨过了心里的那道坎，跨出了多么大的一步！这一次公开课活动只是一个契机，正如一粒种子静静地积蓄着力量，破土而出的那一瞬间，不过是对自己过去所有努力的致意。她感谢鹤琴幼儿园给了自己慢慢成长的时间、扎扎实实沉淀的土壤……

　　当她在讲述"课程故事"的时候，因为老师们没有立马给自己反馈，她觉得失去了"观众"。但教研主任杨老师鼓励她："把思考的东西讲出来，就要有自己的底气。"访问老师佳妮对她说："没有立刻反馈，也许只是给你一些思考的空间和时间。"

　　在语言组活动中，当反思自己的试教时，她说道："我不能大量分析文本，去向孩子们灌输文本的语言美和意境美，我应该营造出这样美的氛围，多倾听孩子们的声音，然后敏锐地捕捉到，并给他们回应。""想让孩子们主动去表达，我自己得先要想好问题。我不能按成人的思考方式去总结，我应该先问问孩子们是什么感受，然后根据他们的回答，我再对问题进行进一步的提升。"……指导语言教研组的华老师，总是不厌其烦地听她讲完，给她耐心而恳切的回应："是的，云朵自己领悟并成长了，真为你高兴。""所以,你多试教和研讨之后就会成长的,加油哦!""期待一个新的云朵哦。"

在年级组一起备课的时候,她发出的声音并不多,同事们从来没有说过什么,而是非常真诚地分享自己所有的思考和探索。她从她们身上也汲取到了许多。一个年级组整体向前走的氛围,很大程度上缓解了她对于自己的"速度"的焦虑,也让她看到了各个班级的思考点在哪里,以便在把课程班本化的过程中更加得心应手。

她还想到了那些大家一起投票选出问题进行的研讨,那些对观察案例的评估教研,那些主题进展的汇报……这一切,给了她一点一滴的力量。当她根据中秋节的主题设计"月亮"这节课的时候,她有了一种"成竹在胸"的感觉。

她决定跟孩子们一起享受月亮带来的美好。她想到了在晚餐之后,和孩子们进行"云分享",因为"共婵娟"而一起进入一种暖暖的心境里。

月亮出来了,孩子们和老师看着同一时刻的月亮,分享彼此心里的感受。

小澈说:"老师,我们找了好久,还是没看到月亮。天空有好多云在飘,但就是没有月亮。我们看到了一个无人机,一个深色的无人机。"

她听到孩子说的话,赶紧说道:"月亮可会躲猫猫啦,她一会儿会出来,一会儿又会藏到云里面。"

月亮好像听到了她的话一样,果然露了出来。

小石头说:"我在公园骑车呢,一抬头月亮出来了,看起来像

南京鹤琴：
一所没有特色的幼儿园

香蕉和小船。"

星辰说："老师，我看到的月亮是一个半圆，你看到的也一样吗？"

花生说："老师，今天的月亮像剥了一半的榴莲壳。"

萱萱说："我看到的月亮是弯弯的。"

小橙子说："我刚看到的月亮是个月牙，它很漂亮，我觉得像有个爱心一样。"

云朵老师说："大家不要忘记把月亮的样子记录在今天发的记录本上哟，我们一起来寻找月亮的秘密，看一看，月亮是不是每天都是这个样子？是不是每次都只会在一个地方出现？老师等待着和你们分享月亮的秘密哦，晚安。"

教师充分的备课加上孩子们前期充足的经验，让他们对月亮有了鲜活和具体的感知。"月亮"那节儿童诗歌课，上得挺顺利。

每一个树梢，挂一个月亮，小鸟说："月亮和我好。"
每一湾池塘，漂一个月亮，青蛙说："月亮和我好。"
每一个脸盆，盛一个月亮，宝宝说："月亮和我好。"

云朵老师和大家在分享诗歌的时候，孩子们回忆起了大家一起在月光下互相陪伴的时光，一个一个都成了小诗人：

每一个屋顶，飞一个月亮，小猫说："月亮和我好。"
每一扇窗户，挂一个月亮，妈妈说："月亮和我好。"
每一个地球，漂一个月亮，小朋友说："月亮和我好。"
每一个天空，浮一个月亮，星星说："月亮和我好。"
每一个屋顶，吊一个月亮，飞机说："月亮和我好。"
每一个水洼，跳一个月亮，车轮说："月亮和我好。"
…………

在这些天籁般的童声里，云朵老师有种恍惚的感觉：她好像掌握了那个连接童心的方法，找到了那条通往儿童花园的路。也许，她走的是一条细细长长的小路，曲曲折折，弯弯绕绕。她走走停停，有眼泪和疑惑，也有欢笑和思考。

五年的教师生涯，从不自信到慢慢相信——相信自己可以做好一个幼儿园老师！她在自己的小路上缓缓向前，哪怕错过了黎明的朝阳，错过了正午的阳光，错过了绚烂的夕阳，可盈盈月光下的花园，自有那一份美丽的、独属于她的模样。

园长说：

要陪伴，更要等待

儿童的成长是一个复杂的过程，它会有曲折、停滞乃至倒退，但总会在不经意间给你一个惊喜。教师对儿童的影响，也不是一个立竿见影的过程，不是简单的、线性的因果关系，为伊消得人憔悴，得来全不费功夫，也是教师常常有的状态。所以，教师对儿童的陪伴，不仅需要专业，更需要耐心。

我是从杨老师的观察记录中读到她和中班小朋友的那一段对话的。我心中第一个疑问是杨老师怎么把细节记得这么清楚？是不是当时录音了？结果她回答我："都是我事后回忆的，老师就是有这个本领！"我在感慨之余，也莫名有点感动。个别幼儿在全班小朋友都已经进入集体活动的时候仍然调皮,不肯归队,这样的情形是太平常不过了,而老师也许只要一两句简单的呵斥,或是一个严厉的眼神,幼儿应该就会懂得老师的要求,然后乖乖地服从。可是杨老师并没有,她选择了和幼儿对话。

我感动的地方在于,这段对话在貌似简单的黑白对错之间,展示了一个宽阔的灰色地带。我们本以为幼儿"融入群体生活"就像一脚迈进新世界大门那样简单,但对于幼儿来说,它并不简单。老师看到了,这其中,有个体与群体、安逸与紧张、放任与约束等各种关系之间的拉扯,而且,老师期待的不是一种服从性的亲社会行为,而是自主的融入,即使这个过程可能会长一点。

在我们幼儿园里,还可以看到很多这样的等待:等待一个不愿意加入"彩虹城堡组"的孩子与自己的内心和解,等待一个不敢在幼儿园大便的孩子战胜内心的恐惧,等待一个不敢当众表达的孩子找回勇敢和自信。

我们不可把老师的等待理解成宠溺。它和宠溺的本质区别就在于，老师并没有放弃对孩子的目标要求。

我们更不可把老师的等待理解成不作为。相反，老师在默默地努力，让幼儿发展的道路更平缓、更安全。

其实，何止是儿童的成长需要等待，教师的成长又何尝不是如此。人们往往会为舞台中央翩翩起舞的明星喝彩，而作为园长的我，一直提醒自己不能忘了在角落里默默努力却得不到回报、看不见希望的人。他们需要被看见，需要被鼓励，需要体验到哪怕一个小小的成功。而园长更要相信"花开终有时"，哪怕是野百合也有春天。

我也经常对老师说，每个人都有自己的步伐和节奏，要找到让自己舒服的行走方式。在这个"内卷"盛行的社会，我们更要避免将自己盲目地卷入其中。如果你觉得累了，可以让自己慢下来、停下来，只要你确信自己走的方向没有错，那总有一天会抵达自己想去的远方。

等待，其实并不仅仅是时间的流逝，它是一粒休眠的种子在积蓄生长的力量，而这种力量，就是主体的自觉。

真诚是最短的路

角色扮演背后的"角色扮演"

倘若不加暗示和引导地询问孩子们,长大了想做什么工作?那五花八门的答案一定会让人叹为观止吧。现在的社会,行业分工越来越细,各种各样的新职业不断涌现,孩子们接受信息的渠道也越来越多。哪怕他说出他想做一个"金鱼纹画师"或者"私人穿搭顾问",也没什么值得大惊小怪的。但是,孩子们真的理解"职业"意味着什么吗?事实上,每一份职业背后,都有独属于这份职业的幸福和艰辛,选择了一种职业,就是选择了一种人生。对"职业"的了解,似乎是每个幼儿园的课程中都会存在的"必修课"。

鹤琴幼儿园的何可老师,也正在策划一个关于职业的主题。可是她遇到了一个难题:她想要带孩子们走出幼儿园,走进社区,走进各种各样的机构，去见识形形色色的职业；她也想要把不同职业的家长请到班级里，跟孩子们交流各自的职业特点。然而，新冠肺炎疫情的到来，再多的想法也难以按照之前常规的方式去付诸实践，她不禁思考起来：当外部环境改变的时候，该如何重新梳理并实施在常态情况下已经有"经验做法"的活动呢？

经过思考，以及跟班级里老师的讨论，她们决定就在幼儿园内部寻找资源。因为，幼儿园里的工作人员，也承担各种各样的职业角色，有门卫、有保安、有厨师……这些工作也可以让孩子们理解不同的职业。老师们按照这个想法，准备开始进行这一次的主题课程。

一天，张园长来到了何可老师的班级，他关注到了班级马上要进行的主题活动，他也想到在疫情期间进行这个主题也许会有困难，他想要跟何可老师聊一聊。

当何可老师把自己之前的思考跟张园长沟通了之后，他略微沉吟了一下，说道："从目前的情况来看，开展这个主题确实存在困难。但是，从孩子的角度出发的话，幼儿园里所有的'职业角色'，在他们眼中，基本上都跟'老师'这个概念有很大的重叠，这样可能不利于孩子们对'职业'这个概念的深入理解。"

何可老师说："张老师，您有什么建议吗？"

张园长微笑着说："你们做主题，你们自己看。我提出的这个质疑，你们也考虑一下。"

何可老师其实并不意外张园长会这样回答，在鹤琴幼儿园老师们的印象中，他们很难从张园长那里得到"成品答案"，或者说，就连"半成品答案"都很少。他一般是这样,如果老师们的想法和做法在他看来可能会存在一些问题,他就从大方向上"点拨"一下,至于接下来老师们会怎么去思考、怎么去做,都要靠他们自己去摸索。

怎么办呢?班级里的几个老师推翻之前的预设,重新讨论起来。

小陈老师说:"孩子们可能觉得幼儿园里的大人都和老师很'类似',这确实是个问题。"

何可老师说:"体验多种多样的职业这个主题是孩子们最喜欢的了。我还记得原来有的班级到消防大队去体验过消防员的职业,他们非常兴奋。唉,可是现在,走也走不出去,请也请不进来……"

保育员张老师说:"团团昨天还跟我说,老师要带他们采访保安师傅,他要问保安师傅'坏人来了怕不怕,怎么保护小朋友'。这下也不用采访了吗?他可能会失望哦!"

采访?采访!何可老师敏锐地抓住了这两个字。对呀,参观和体验职业不一定非要是集体活动,也可以让孩子们单独去进行。如果他们学习了采访的方法和技巧,他们就能够去了解不同的职业对象,并带到班级里来分享呀!

顺着这个想法,老师们给家长布置了带着孩子们去采访各种他们感兴趣的职业的"任务"。从家长记录的反馈中,老师们看到了一个又一个准备充分、有模有样的小记者;看到了一个又一个充满童真童趣、也许真的只有孩子才能想得出来的问题。

要说孩子们最感兴趣的几个职业,"警察"绝对可以排得上号。

班里采购了一批小职业装,男孩子们都争着要穿那一套警服。航航说:"让我穿吧,我已经想好啦,我长大要当一名交通警察!"晨析说:"我穿我穿,我长大要做个英雄。"何老师说:"你觉得什么样的人是英雄啊?"晨析毫不犹豫地回答:"警察就是英雄啊。"男孩子穿上警服,好像都更精神、更帅气了。也许,每个男孩子,都有一个叱咤风云的英雄梦吧。

鸭蛋也有一个这样的"警察情结",妈妈帮他联系采访的是一位民警阿姨。该问些什么问题呢?他和妈妈认认真真、仔仔细细地准备了一番。他还专门用手工材料做了一个紫色的小话筒。

终于看到了民警阿姨,鸭蛋一眼就被她身上帅气的警服吸引了,他的采访就从这里开始切入:

"阿姨,为什么警察的衣服是蓝色的呢?"

"蓝色是大海的颜色,象征着和平。"

"我的第二个问题是,你们平时抓坏人的时候都用什么工具?"

"抓小偷的时候会用到手铐,如果小偷手里有刀,我们还可能会用到枪和盾牌。"

"好的,谢谢阿姨。最后一个问题是,为什么警车一直滴滴嘟嘟响?"

"它发出这样的响声是为了警告坏人,让坏人听到声音感到惊慌,还可以提醒其他的人远离现场,保证安全。"

鸭蛋把小嘴张得大大的,好像一个字母"O"那样圆。这是一个他没想到过的答案。他忽然觉得做个记者好有趣,能够听到、见到许多新鲜的事情。

　　班级里的每一个孩子,都是一个小记者,他们采访和接触了不同职业的人,并把了解到的相关知识或故事带到班上和伙伴们一起分享。

　　这个主题活动进行了一段时间以后,班级里的小朋友们俨然成为在模拟游戏里轻车熟路的"打工人"了。如果把镜头切到各个场地,可以看到他们专业又有趣的表现。

　　在户外的大循环时间。

　　一个小男孩像模像样地穿着交通警察的制服,戴着有警徽标志的帽子,胸前挂着哨子,正站在路边指挥交通。

　　看,来了一位小司机,他骑着小车极速前进。看着他的速度越来越快,老师开始有些担心了,担心他刹不住车,自己摔倒,担心他撞到别的小朋友。

南京鹤琴：
一所没有特色的幼儿园

此时，"交通警察"隆重登场了！他吹着口哨，用非常标准和专业的手势，拦住了这位小司机："停下，你超速了！"小车停下后，他对小司机进行了一番批评教育："你知不知道超速是很危险的！路上来来往往的车那么多，以后一定要在规定的速度内行驶。"这时候，旁边路过了另外一辆小车，车上的小司机扭头说了一句："小心警察贴罚单哦！"

在幼儿园的停车区域，老师再也不需要一遍又一遍地叮嘱孩子们把车停整齐了。有"交通警察"在一旁指挥，一辆辆小车停得整整齐齐、稳稳当当。

在走廊上的区角活动时间。

"什么都有小吃店"开业啦！服务员拿着菜单，专业地给客人介绍菜品；厨师戴着高高的厨师帽，里里外外忙得不亦乐乎。这时候，随便什么人坐下来点份什么稀奇古怪的菜，他们都能端上来，因为他们"什么都有"！

也许，在成人的世界里，我们无论如何是找不到一个"什么都有"的餐厅的。我们把菜系和餐厅按各种各样的标准分得井井有条，各领风骚。显然，孩子们还完全不懂这些，可在这一系列的"角色扮演"中，他们建立了对"职业"的基本概念。

他们是警察，他们是厨师，他们是医生，他们是飞行员，他们是弹着吉他的街头艺人，他们是高楼大厦的设计师，他们是……他们是无数的可能。

有一个人，欣喜地看着这一切。其中，他看到了老师和孩子们的成长。作为园长，他希望孩子们未来有无数的可能，他也希望老师们在这份职业中有无数的可能。在这背后，是他的办园理念：他给老师们建议，但老师们的思考，他不代替；他为老师们出谋划策，但绝不随便抛出最后的决策。在幼儿园里，"大"的事情是这样，而一件件"小"的事情，也是这样。他希望这能成为鹤琴幼儿园的一种文化：不问对错，只问思考！你做，你说了算。

这是他"扮演"的，在自己设想和期待里的"园长角色"。

在"真"的底色上分享

小孔雀的妈妈在学校门口踱着步,她在等待姗姗老师下班。小孔雀已经请假好多天没来上幼儿园了,在家里,每天都哭着说不愿意上幼儿园,跟之前那个特别爱上幼儿园的孩子判若两人。妈妈很着急,想找姗姗老师详细了解小孔雀的在园情况。

看到姗姗老师出来,她快步走上前,说:"姗姗老师,小孔雀这个事情,我心里已经着急好几天了。每天都劝她,她就是不肯来上学。本来好好的,生个病,病好了,却不肯上学了。"

姗姗老师说:"也有个别的小朋友会出现这样的情况,就是在家待了一段时间,忽然要上学,会有点不愿意的。"

小孔雀妈妈说:"我本来也以为是这样,但是这身体都好了一个星期了,每天早上说起上学,她眼泪就掉下来了,扒着门框委屈地看着我,真是不忍心硬送她上学。我总觉得,这里面一定有什么原因。"

姗姗老师回忆了一下,对小孔雀妈妈说:"在幼儿园里还真没有看出她有什么不对劲,每天都很好,乖巧、守纪律,聪明又认真,是老师的小帮手,同学也都很喜欢她。这几天她没有来,好几个小朋友都一直问我,小孔雀什么时候来上学呢?按理说,真的不应该呀。"

妈妈叹口气,接着说道:"小孩的心思真的琢磨不透,在外面报的兴趣班也都停了。昨天我想着让她开始上着试试看,结果爷爷带着去的时候,一路走,一路哭,爷爷不忍心,又把她带回来了。如果是我送过去的话,我肯定坚持让她把那节课上完再回家。"

姗姗老师敏锐地捕捉到了小孔雀"一路走,一路哭"这个信息,听起来,似乎比妈妈要让她上幼儿园的"默默掉下眼泪"更严重。她赶快问道:"小孔雀上了哪些辅导班呢?"

妈妈说:"英语、机器人、体适能、美术、写字。周末是给她空出来的。"

姗姗老师说:"那是不是她周一到周五晚上都要待在辅导班?有没有她比较抵触不想去上的呢?"

妈妈说:"唉,说起这个,我也着急,她都蛮抵触的。关键是,我看别的小朋友上了一段时间以后,进步都很大了,可是对她好像没什么效果。像英语,别人对话都很流利了,她还是停留在蹦单词的阶段……"

姗姗老师打断了她:"听到这里,我忽然有种感觉,她会不会是因为上的辅导班太多了,又没有得到正向的反馈,她觉得太力不从心了,产生了厌学的情绪,连带着幼儿园都不想来上了?"

小孔雀妈妈没想到姗姗老师会从这个角度去考虑,她说:"这两件事情,我还真没联系到一起……"

后来,姗姗老师给小孔雀打了电话,告诉她,老师有可以让她开心起来的魔法。姗姗老师和妈妈商量好后,让妈妈把小孔雀送到幼儿园来,当着小孔雀的面,三个人一起讨论了关于小孔雀辅导班的问题。她让孩子自己告诉妈妈,对哪些辅导班感兴趣,对哪些暂时没兴趣。根据孩子的表述,妈妈把小孔雀的辅导班减少了三种,留下更多的时间让她运动、游戏、和小区里的小朋友们玩耍。从那以后,小孔雀再也没抵触过上幼儿园,每天在幼儿园各种活动中的状态都很棒。

这件事情让姗姗老师很感慨。此时的她,已经是一位年轻的母亲。她对于家园关系的处理,对于父母心理的理解,跟刚刚工作的时候,确实是完全不同了。她似乎明白了那些家长对于害怕孩子"落后"的担忧,明白了现实情况比她想象的要复杂得多,明白了'教育不是乌托邦',它还更多地跟现实中人们的观念以及整个社会各个方面的情况息息相关。

她还记得带前两届大班的时候,她特别秉持"玩是儿童的天性"这一理念,非常反对家长提前给幼儿园的孩子进行学科知识启蒙。她还在开家长会的时候,多次重点强调:不要让孩子去上任何的辅导班。现在回想起来,她过去带过的两个班级,还真没有家长来跟她探讨过孩子上辅导班的问题。如果在小孔雀的这个班级，她依然像原来那样强调了又强调，小孔雀的妈妈还会跟她敞开心扉地说起孩子上辅导班时的情绪吗？如果她了解不到这些信息，孩子不愿意上幼儿园这个谜团，又该怎么去解开呢？

后来，她在园本活动"鹤琴说"中，就真诚地分享过自己的这一思考。

"鹤琴说"是一项以辩论赛的形式，鼓励老师们积极地表达、探讨自己工作和生活中遇到的各种问题的活动，在幼儿园里已经举办过好几期。其中一次辩论的题目是"家长的观念偏差可以扭转吗？"。

姗姗老师作为立场是"家长的观念偏差不能扭转"一方的辩手，她当时是这样说的："我想请问，是谁定义了这个'偏差'？显然是老师定义的。那么，我们凭什么来下这个定义呢？也许，

> 南京鹤琴：
> 一所没有特色的幼儿园

我们是比家长多学了一点教育学和心理学的知识，但是，仅仅因为这样，我们就真的比日夜接触孩子的家长更了解他们自己的孩子吗？我们的观念就一定不会有'偏差'吗？我们定义家长的观念有'偏差'是不对的，这本身就把老师在教育孩子这件事情上放到了跟家长不平等的、更高的、指挥者的位置上，难道这是我们想要的理想的家园关系吗？我们可能会觉得家长不懂儿童心理学，那家长会不会还觉得我们没有养育过孩子，凭什么单方面觉得自己是某种'权威'，家长就要服从于我们呢？而且，没有人喜欢被否定、被推翻，教师和家长之间的关系，也一定要遵循人与人之间关系的基本法则。我们一定要相互尊重，彼此之间达成一种良性的平衡。如果一个老师过于'一言堂'，那么家长会产生很大的心理压力，这不利于家长工作的开展……"

能够说出这一番话的姗姗老师，显然是经过了从"想要扭转家长观念"到"尝试理解家长观念"再到"接纳和包容家长观念"的这一过程，并在此基础上学会跟家长一起努力促进孩子的发展。她也在陈述观点的过程中讲述了关于"小孔雀"们的故事带给她的启迪。在教师辩论赛上提出这样的观点，为那些没有经历过这一心路历程的老师带来了观念上的冲击。也许，短短的辩论赛，并不是所有的人都认同某一方的观点，也许有的老师到最后也没有完全接受"家长的观念是靠自己建构起来的，是无法被教师扭转和灌输的"这个观点。但在辩论赛接近尾声时，那一句"家长的观念偏差是不能扭转的，承认一句，海阔天空！"的总结陈词赢得了在场老师们的掌声。那是老师们在充分面对和讨论这一问题之后的释然和轻松。

"鹤琴说"的辩题由老师们投稿提议,再由集体投票选出。"工作和生活可以分开吗?""面对幼儿我们能不能表现出不好的情绪?""在工作中,可能'被自愿'安排任务的情况下要不要主动报名?""如果家长无理刁难,要不要怼回去?"

…………

这一群年轻的幼儿教师们,在园长、专家和所有同事的聆听中,把他们在工作和生活中遇到的困惑和纠结的种种问题,坦诚地、直接地甚至是尖锐地表达出来。这样的分享是令人感到舒畅的,它包含着鹤琴园所文化中倡导的一种底色——真实。

或许真的是那样,触摸到了真实,也就更接近了——海阔天空。

安全事故"三连击"

大二班有三位年轻老师,其中两位都对星座颇有兴趣和心得,而另一位则觉得其实一切都是人的主观心理作用罢了。平时在玩笑中,他们也会讨论一番,基本上是一方都说服不了另外一方。

然而,有一段时间,就连那位最不信"运势"的老师也发出了这样的感慨:"最近,难道水星逆行的吗?"

因为,就在特别集中的一段时间里,大二班接连发生了三起安全事故,虽然都是有惊无险,但是孩子们和老师、家长一起经历了一段又一段惊心动魄的心路历程。当一切过去后,老师们那颗被一次又一次揪起的心总算安然落地,稍稍平静一些之后,那长舒的一口气,却像一个感叹号的余音,蕴含着其中所有百转千回的心情。

* * *

并不好吃的玻璃弹珠

午休时间，大二班的小朱老师给孩子们讲完午睡故事，正静静等待着他们一个一个进入甜美梦乡。小柠檬是一个入睡比较慢的孩子，所以，班级里的老师一般都会坐在他的身边。这一天，看起来和往常一样，没有任何异常，小柠檬微微闭着眼睛，长长的睫毛轻轻扇动着，似乎像小朋友自己说的那样："我感觉到我的脑袋里，有一些不爱睡觉的细胞正在工作，我一想睡觉，它们就要来打扰我！"小朱老师用手轻轻拍了拍他，然后站起身，去查看上铺那些小朋友们的午睡情况。当转了一圈回来时，他发现小柠檬忽然坐了起来，在床上干呕，一只手还摸着自己的喉咙那儿。小朱老师赶快走过去问道："小柠檬，你怎么了？你是不是想吐？"柠檬用有些痛苦的眼神望着老师，整个小脸涨得通红，他努力想要说点什么，可是，很明显，他已经没办法开口说话了。

小朱老师马上反应过来：小柠檬吞了什么东西了！小柠檬已经没办法说话，他到底吞了什么东西，现在是什么感觉，小朱老师没办法得到任何信息，只能根据现场小柠檬的状态来做出判断！在那一刻，除了小朱老师和保育员贾老师，没有其他任何人可以帮助他们。小朱老师非常冷静，他立马想到了在上《幼儿卫生学》的时候学到的海姆立克急救法，他用床沿紧紧抵住小柠檬的腹部，使劲拍他的背。大约三十秒的时间过去了，只听到"嘭"

的一声,一颗玻璃弹珠从小柠檬的喉咙里弹了出来!在旁边看着的贾老师都惊呆了!

当时不在班级的妮妮老师和柳柳老师回来以后,听到这个事情,也后怕不已。

几天后,一面锦旗出现在了大二班的教室里。那是小柠檬妈妈送来的,鲜红的锦旗上,有一句黄澄澄的话:"以爱育人,启蒙开智;机智救人,幸有此师。"

小柠檬妈妈说:"我不敢去想,那三十秒,如果我在现场,会是怎样的漫长。小柠檬回家以后,一直就对我说:'我再也不敢了,再也不敢了。'我只是安慰他,完全没有责备,更没有让他再去回忆什么。但是,我不知道该怎么感激他有那么好的老师……"

小柠檬妈妈还送来了几杯咖啡:"老师真的太难了,小孩子的安全事故防不胜防。我都不知道该说什么好了,就是希望你们喝几口咖啡,放松一下心情。"

妮妮老师本来不喜欢咖啡的苦味儿,可是,这一杯的味道,是那么的不一样。

* * *

订书钉是什么味儿

这个月,大二班有好几个小朋友过生日。一天,大家正在给一个小朋友唱生日歌,在一派轻松热闹的氛围中,小宝忽然跑过来,大声对老师说:"老师,我把订书钉吃进肚子里去了!"

几个老师感觉头"嗡"的一声,心一下子又揪了起来。要知道,没几天前,小柠檬吞了玻璃弹珠的事情还萦绕心头。老师们马上询问小宝有没有感觉到疼痛或是不舒服,小宝摇摇头,他们稍微松了一口气。

柳柳老师马上联系了小宝的妈妈,然后和妮妮老师陪同小宝的妈妈,一同乘车带着小宝到医院检查。

柳柳老师的眼泪大颗大颗掉落下来,她又自责,又懊恼:"我是不是还是叮嘱得不够多,我怎么就没有注意到呢?"小宝妈妈看到柳柳老师这么难过,她赶快劝道:"柳柳老师,你不要这样,真的没太大关系的。小宝有的时候糊里糊涂的,上次,他说他自己吞了鱼刺,结果并没有,也是虚惊一场,你不要太担心了,这不是什么大事儿。"

拍片结果出来了,小宝确实吞了一长排订书钉。医生说,要小宝吃一些韭菜结、金针菇之类的食物,好让订书钉能够缠绕在上面,正常排出来。如果三天之后无法自然排出,就要动手术把订书钉取出来。

没有人知道大二班的几个老师那几天的心情,也没人能体会到他们经历了多少次辗转反侧的难眠时刻。平时的三天,时间快得像鸟儿扇了一下翅膀,可那三天,对于大二班的几位老师来说,时间仿佛是从屋檐上滴落下来的水珠,一点,一点,流逝得那么漫长。特别是柳柳老师,由于小宝妈妈的共情和理解,她更觉得自责。家长们那么好,没有一点儿责备的意思,小宝那么可爱,他也反过来安慰自己的老师……如果他真的要动手术……她简直不敢再想下去。在夜里,柳柳老师一会儿梦到小宝的订书钉排出来了,一会儿又梦到小宝需要做手术,她站在手术室门口,焦急地等待……

三天快到了,这一天,柳柳老师忽然收到小宝妈妈的短信:"杨老师,好消息!小宝的订书钉排出来了!"柳柳老师难以形容自己看到这条短信时的心情。那是一种非常奇妙的体验,好像她经历一场大考之后,查看分数的那一瞬间,焦虑、忐忑之后的释然和放松。她笑了,赶快把这个消息告诉班级里的其他老师,大家都笑了。他们看到了彼此的笑容,也看到了彼此因这一刻的心情而泛起的泪花儿,好像从来没有这么高兴过似的。这种体验,也许是属于幼儿园老师的独一份吧。

后来,小宝妈妈问他:"你知道订书钉是不能吃的,为什么想要去吃订书钉呢?"小宝说:"我就想尝尝订书钉是什么味道的。"小宝妈妈说:"你呀,订书钉是什么味道,估计你没尝出来,但是你的老师们,可是尝到了着急得要命的味道。"

* * *

蘑菇缝针了

从鹤琴幼儿园的小山坡上面往下冲,是孩子们晨间锻炼时最喜欢的游戏之一。最初的时候,他们是从高处往下跑,后来他们发现，骑着小车往下面冲，速度更快、更刺激。

小山坡的下方是一块挺大、挺长的空地，并没有什么可能会磕到和碰到的危险物品。所以，长期以来，这个深受孩子们喜欢的晨间锻炼项目一直如常进行着。

一天，在旁边站点的老师看到往下冲的一辆小车忽然翻倒在地，一个小朋友用手捂了一下头，呜呜呜哭了起来。她赶快过去查看，原来是小蘑菇，他的额头上方被划破了，流了不少血。

她马上通知大二班的柳柳老师，把小蘑菇带到了医务室。医务室的老师及时检查了小蘑菇的伤口，并给他进行了消毒清洁，发现伤得还不轻，伤口很长，也比较深，必须得缝针了。

虽然已经经过了前面两次安全事故的"磨炼"，柳柳老师却依然没办法保持淡定。她好怕小蘑菇的家长会露出心疼和责备的目光，虽然小蘑菇的情况没有前面两个孩子那么"凶险"和"充满未知"，却不可避免地要在额头留下一道"印记"。她也怕小蘑菇妈妈不但不责怪老师，还反过来安慰自己，每当这个时候，她心里就更加五味杂陈。

然而，该面对的，依然静静等待着她。就像小宝吞下去的那排订书钉，就像小蘑菇额头那个显眼的伤口。

听到事件经过的小蘑菇妈妈一点儿没有埋怨的意思。在柳柳老师给她看过小蘑菇摔跤那一瞬间的监控录像后，她对柳柳老师说："小蘑菇已经摔了，没关系的，缝几针而已。只是我看不明白，小蘑菇的额头到底是被什么东西划伤的？如果能找出原因，以后小朋友再玩这个游戏，就不会再被划伤了。"

事实上，在小蘑菇妈妈提出疑惑之前，幼儿园的园长和老师们已经根据现场情况和监控录像，对当时的小蘑菇是怎么摔伤的，到底是被什么东西划伤的，进行了多次的推演。最终，他们没有得到那个答案，也没有能够找到划伤小蘑菇的东西到底是什么。

老师们并没有阻止孩子们继续玩骑小车下小山坡的晨间游戏，但对孩子们的安全教育更具体了，对孩子们的观察和防护也更细致了。当孩子们像一阵风一样滑过小山坡的时候，他们的心也跟着飞扬起来。

老师们反思：每一个看似"意外而不可控"的事件背后，其实原因也不是完全"无迹可寻"。归根结底，还是因为大班孩子在活动范围扩大、自主安排的时间增加的基础上，还没有形成与之相匹配的安全意识。

经过这波接二连三发生的安全事故，几位年轻的老师共同策划了"寻找安全大老虎"的班级活动。他们带着孩子们开了儿童会议"我让自己受伤了"，共同讨论了这样一些关键话题：你让自己受过什么伤？你为什么会受这样的伤？受伤后，你有什么样的感受？

他们鼓励孩子们把自己受伤的经历画下来，并跟同伴、老师分享。

最后，大家一起把所有小朋友的画分成四类，找出这几只会让身体受伤的"大老虎"：贪玩大老虎、好奇大老虎、着急大老虎、粗心大老虎。当孩子们充分地理解了这些"大老虎"的危害性，他们更加懂得了要怎样去"打老虎",才能保证自己能够更安全地玩耍。

当这几起"事故"过去一段日子后,柳柳老师在教育日记上这样写道:

在安全事故"三连击"之后,今天才真正再次鼓起勇气投入到和孩子们的共同游戏中去:上午和小帅、小蘑菇、可可进行高手棋局的五子棋对抗,下午和心愿、安安用雪花片搭建我们的幼儿园。孩子们平安是老师心中最大的企盼!和孩子们一起构建好安全的底线,既不能时时刻刻提心吊胆地"看管",又不能没原则地、随心所欲地放任,而是要让他们在集体生活中提高自我管理的能力,能够更放松,更安全,也更快乐!

也许很多事情都一样,生活并不是简单的一加一,不是严密的数学推演,有时候彩霞满天,有时候又会乌云密布。当我们走过美景和险境,它像一条永不止息的河流,奔涌向前。

家园之间的彩虹桥

* * *

小樱妈妈的"心意"

小樱是小叶子老师班上的一个小女孩,她似乎总有某种情绪,这种情绪,很难说清,但好像她对很多事情都抱有一丝莫名的"敌意",对很多任务总是显得不耐烦。在一次跟小樱妈妈的交流中,小叶子老师了解到,因为弟弟的出生,小樱的性情变化很大,她变得易怒、脆弱、爱哭和具有攻击性。特别是在家里,她与弟弟的关系非常紧张,几乎没有和谐相处的时刻。她还总是把弟弟弄哭,弟弟的哭声,竟好像成了她的某种安慰。

小樱妈妈在谈到这些的时候，心里非常难受。她对小叶子老师说："我们也不知道弟弟的出生会对她造成那么大的心理冲击，真的觉得特别对不起她。可现在弟弟已经出生了，我们只能面对这个现实。"小叶子老师对小樱妈妈说："这些情绪只是暂时的，小樱会慢慢懂事，也会慢慢接受弟弟的。"小樱妈妈叹了口气，似乎对这样的宽慰之词已经免疫了。小叶子老师其实也不知道该怎么更好地帮助这个家庭。可她多么希望自己有那个答案啊。

直到——

小樱的弟弟小航也来到了鹤琴幼儿园。

听说弟弟也入园了，小叶子老师就想，这会不会成为改善他们姐弟关系的一个契机呢？

小叶子老师找到小航班上的小七老师一起商量，该怎么样改善他们姐弟的关系。也许，让他们都觉得有兄弟姐妹是一件特别好、特别值得骄傲的事儿，会提高他们对彼此的接受度。

小航刚入园的时候，因分离焦虑而哭闹，小叶子老师就把小樱带到小航班上安慰他，还让小樱给小航班上的弟弟妹妹讲故事；小七老师也会带着小航到小樱班上看望姐姐。小航到了班上，小朋友们就喊："小樱的弟弟来了！"渐渐地，两个班上的孩子们都认识了"小樱的弟弟"和"小航的姐姐"。小朋友们好羡慕他们能在一起上学啊！小樱和小航的关系越来越好了。

小樱妈妈明显地感觉到了小樱的变化，她当然知道老师们对小樱和弟弟的关系改善有非常大的帮助，为此，她非常感激。

南京鹤琴：
一所没有特色的幼儿园

也许，在她的观念里，这样的感激如果只用语言来表达，则显得太过于轻飘飘。她是发自内心地想要进行一些"更实质"的感谢。哪怕她知道鹤琴幼儿园是绝对严禁教师收受任何礼品的。

一天放学后，小樱妈妈给小叶子老师发了信息："叶老师，我给老师们带了一点儿大闸蟹，不是什么值钱的东西，真的只想表达我们的感激之情，能麻烦您出来拿一下吗？"小叶子老师一看，心想：麻烦了。她迅速回复道："小樱妈妈，看到小樱和弟弟关系越来越好，我们老师非常开心，这真的就够了。我们是不允许收受任何礼品的，请您不要让我为难。"小樱妈妈说："这也不是什么贵重物品，真的只是我们的一点儿心意，请老师们不要拒绝。"小叶子老师不知道该怎么办，只好对她说："实在不好意思，今天我们要加班，有很重要的任务，您还是回去吧。"小樱妈妈没有再回复。小叶子老师以为小樱妈妈回家了，长舒了一口气。

没想到，下午六点多，小叶子老师离开幼儿园的时候，小樱妈妈还在幼儿园外面等。她拦住小叶子老师，满脸急切地说："叶老师，这个螃蟹我都带过来了，就没想再带回去的。我等了这么久，就是为了表达我的诚意。"小叶子老师很感动，更多的是惊讶。作为一个刚刚从学生转换为教师角色不久的年轻人，她不理解小樱妈妈的行为。她自己并不想收礼物，幼儿园也绝对禁止送礼物，小樱妈妈竟然如此坚持。她诚恳地跟小樱妈妈说："我们幼儿园有规定，收受家长的礼物会给园所和个人带来不好的影响。您的感

谢,我们真的都能理解,但我们真的不能收。"小叶子老师跟小樱妈妈道声"再见"后,就赶快转头,一个人回了宿舍。她一秒都不能停留,似乎不想看到小樱妈妈遗憾的眼神。

小樱妈妈那百折不挠的精神着实令人惊叹,她跟着小叶子老师回到宿舍,把螃蟹放在门口就走了。

小叶子老师收到小樱妈妈的留言,打开了公寓的门,当她看到两盒静静摆放在门口的螃蟹的时候,百感交集——两盒螃蟹的心意,两个小时的等待,两公里多的跟随……就算她不能完全理解孩子的家长那种特别想表达感谢的心情,此刻的她也觉得,要是再把这螃蟹退回去,是不是显得太不近人情了?

她左右为难,踌躇再三,内心进行着激烈的斗争。在那一刻,她很想收下这些螃蟹,因为她真的被小樱妈妈的诚意打动了。可是,她的耳边又一次地回响起了张园长在幼儿园刚开园的时候就对老师们说过的话："有一件事情一定要强调，就是绝对不能收受家长的任何礼品。原因非常简单，这是你们作为一名教师最基本的底线。并且，你们要想到，你收了礼之后，你在工作中会很难办。面对孩子们存在的问题，你是批评好，还是不批评好？你对孩子们的用心，原本是出于职业的本分，是值得家长尊敬的，但却可能因为收了家长礼物而让你们对孩子们的这份爱降低了成色，丧失了从事教师职业的自豪感，反而得不偿失。"

工作以来，每一次面对家长送礼，她都是毫不犹豫地拒绝，也没有任何心理负担。可是这一次，她真的觉得自己做不到了。她想，既然鹤琴幼儿园提倡"活教育"，要让大家做"活教师"，是不是在特殊情况之下，自己也能"活"一次？

她给张园长打电话，把事情的来龙去脉说清楚了，并表示收了螃蟹之后，她打算给小樱和弟弟买同样价值的礼物回赠。可张园长对她说："这事情的'口子'决不能开，无论家长多么有诚意，一旦开了'口子'，家长之间就会传递消息，就会产生微妙的情绪，最终让家长又陷入送礼还是不送礼的纠结和烦恼之中。"

第二天一早，小叶子老师请小樱妈妈把螃蟹拿了回去。小樱妈妈手里拎着那两盒"命运多舛"的螃蟹，对小叶子老师说："我真的不知道说什么好了。谢谢老师，谢谢幼儿园。"小叶子老师的心里忽然觉得很轻松、很轻松了。

* * *

豆豆、姐姐和他们的姗姗老师

从鹤琴幼儿园毕业的子琦,现在是一名小学生了。在小学里,她懂礼貌、爱思考,总是淡淡地微笑着,她喜欢帮助同学,大家也都非常喜欢她。子琦经常跟妈妈提出,要回到幼儿园去看看老师,妈妈说:"弟弟现在也在姗姗老师的班上,哪天我们有机会就一起去接弟弟,去看老师们。"

在姗姗老师接手的新一届的小班里,有三颗小"豆子"——豆豆、毛豆和豌豆。其中,豆豆就是子琦的弟弟。虽然他们都是"豆",但脾气却大不相同:豌豆最活泼,毛豆也经常会有些小调皮,豆豆则最安静。从进入幼儿园的第一天开始,豆豆就非常警觉。

在幼儿园里,豆豆几乎不说话。是的,他是属于"观察型"的儿童。可是,他似乎永远在"观察",很胆怯、很害怕。进入班级后,他常常会在一个相对空旷的地方一动不动地站着,老师招呼他做游戏、听故事,他也依然不愿意挪动一步,仿佛抬起腿去迈开那一步需要极大的勇气。

刚开始,姗姗老师对豆豆的"沉默"并不觉得有什么不对劲,因为姐姐子琦也是一个文静乖巧的女孩,在班级里从来不需要老师过多去操心。她会把书本放得整整齐齐,吃饭永远干干净净,学东西又快又好。

南京鹤琴：
一所没有特色的幼儿园

可是，一段时间后，豆豆的表现还是让姗姗老师很困惑。豆豆经常尿裤子，因为他从来不愿意主动往卫生间走一步。姗姗老师想了一个办法，每到喝水或小便的时间，她就对豆豆说："老师想跟你玩开火车的游戏，请你来做火车头吧。"火车开动了，她"轰隆轰隆"推着豆豆去喝水，或者往卫生间走。原来豆豆在家里从来不用马桶小便，而是使用一个小尿壶，所以，他不知道该怎么在幼儿园小便，也不愿意让老师帮助。姗姗老师就请了另外一个小男生，用"儿童教儿童"的办法，让豆豆慢慢学习适应。

在开始的很长一段时间里，豆豆一直学不好，老是尿湿裤子。每天放学的时候，前来接他的家里人总能看到豆豆拎着一大包裤子回家——那说明他尿湿了很多条裤子。但老师从来没有责怪过他，而是耐心地一次又一次帮助他换上干净清爽的裤子。终于有一天，在放学的时候，豆豆没有拎裤子，姗姗老师忽然反应过来——豆豆那一天没有尿湿裤子耶！她高兴地对豆豆说："豆豆今天没有在幼儿园换裤子，那豆豆明天是不是愿意自己上卫生间，不用老师再开小火车啦？"豆豆看着她，高兴地点点头。

豆豆让姗姗老师印象最深刻的改变不是这一个，而是另外一件事。一天，有小朋友跑到姗姗老师这边来"告状"："老师，成长记录袋被全部拉坏了，地上弄得乱糟糟的！"姗姗老师到"灾难现场"一看，只见本来在图书角外面悬挂着的六七条整整齐齐的"成长记录袋"被全部拽坏，三十个袋子七零八落散了一地。姗姗老师说："好呀，是哪几个小调皮鬼干的？老师马上要来破案了！"这时候，几个小女孩说："我看到是豆豆、豌豆和毛豆扯坏的。

他们三个还在那边哈哈大笑。"听到大家这么说，三个小男生不好意思地走到图书角旁边，等待老师的"批评"。让他们没想到的是，姗姗老师"噗嗤"一声笑了出来，她这时候想的不是怎么"教育一下"这几个小调皮鬼，而是，三个人里面有豆豆，居然有豆豆！

这还是那个安静得像空气一样，站在教室中央仿佛是站在一个四面环水的孤岛上寸步难行的小男孩吗？原来他有这样的一面，原来他真的放松了，自在了，他也是如此活泼的呀！姗姗老师把另外两位老师喊过来："你们快来看呀，你们能猜到这'坏事'是谁干的吗？是豆豆哎，是豆豆！"两位老师显然立马就对姗姗老师的这句话心领神会，她们笑起来："天哪，小豆豆！原来你是这样的一个小豆豆呀！"紧接着，老师对孩子们进行了教育，告诉大家不能随意"破坏"教室里的各种物品。但是，小朋友们心里一定有一个疑惑：怎么今天老师在"批评"的时候也那么开心呢？

姗姗老师像打开了一个童心的魔盒那样忽然发现了豆豆的"真面目"，原来他并不像姐姐，他是一个挺活泼调皮的男孩子。

姗姗老师迫不及待地给豆豆妈妈打电话，兴奋地叙述着这个"从天而降"的惊喜事件。过了一会儿，她忽然发现电话那一头没有了声音："豆豆妈妈，您还在听吗？"豆豆妈妈说："在，在，我只是真的很感动。老师对他们这么好，把他们当作自己的孩子一样。姐姐也总说要到幼儿园看望老师，我们今天就一起去接弟弟。"妈妈忽然不想再去考虑日程是不是排得太满，如果想要表达爱，就不要等待，不要去寄希望于一句"来日方长"。

子琦跟着妈妈一起来了，挺长时间没见，她站在老师的面前，似乎有点生疏和拘谨。姗姗老师问了她小学的学习生活怎么样，作业多不多，有没有交到喜欢的新朋友……她始终认真地回答，安静地微笑着，脸上有一种满足的表情。

姗姗老师对她说："子琦，你还记得吗？幼儿园毕业的那天，你并没有哭，但是你一会儿就来抱抱我，一会儿就来抱抱我，抱了好几次，老师真的很感动，一直把你那天的样子牢牢记在心里呢。"她看着姗姗老师，腼腆地点点头。

姗姗老师说："来，让老师再抱抱你吧。老师想跟你多聊一会儿，可是今天偏偏特别不巧，老师还有很多事情需要做，要不你跟着妈妈和弟弟先回家，我们下次再见哟。"

没想到子琦对她说："没关系，姗姗老师，你不用跟我说话，你什么都不用做，我就想在这跟你待一会儿，只要在你身边静静地待一会儿，就好了，可以吗？"

这时候，豆豆和子琦的妈妈就站在旁边，她也是一位老师，姗姗老师和子琦心里那股共同的暖流，她一定最能感受得到。

* * *

杨师傅和熙熙的"清晨楼梯"

熙熙得了肺炎，在家待了两周没有上幼儿园。妈妈本以为，一直都很喜欢上幼儿园的她,会迫不及待地冲进教室去找老师和同学。让她没有想到的是,第一天返园,熙熙站在幼儿园门口哇哇大哭,怎么也不肯自己往教室走。

妈妈很困惑,熙熙刚上小班时几乎没有产生过太多的分离焦虑,她一直那么喜欢幼儿园,这一次是怎么了呢?

门卫杨师傅看到熙熙这样子,马上给班级的老师打了电话,老师下来把熙熙抱上了楼。熙熙妈妈舒了一口气,她想:原来,熙熙只是想跟老师撒个娇呀。

可没想到的是,第二天,熙熙又在幼儿园门口闹情绪了,她怎么也不肯自己走进教室。这时候,杨师傅蹲下身来对她说:"熙熙,你还是想让老师来把你接上去对吗?"熙熙点点头。杨师傅想了想,又说:"熙熙,你看,老师早上都很忙,因为小朋友们都刚入园,老师得跟他们问好,还要跟他们一起做游戏,所以不一定每天都能及时下来接你。要不这样,杨师傅把你抱上楼去,怎么样?"熙熙高兴地说:"好!"杨师傅跟另一位保安师傅打了个招呼,抱起熙熙就往教室走。

从这一天开始,熙熙和杨师傅之间好像形成了一种默契。每天清晨,她一到门口,杨师傅就带她一起进教室。他先是抱着她,后来牵着她,她也愿意走了,再后来,杨师傅走在前面,熙熙走在后面,他们有说有笑地走过这短短的一路风景。熙熙对妈妈说,他们会谈一谈早晨吃了点什么,谈一谈幼儿园里最近发生的事儿,谈一谈聂师傅又种了什么花儿……熙熙跟杨师傅的这段特殊的"交谈"持续了好长时间。

熙熙妈妈有些过意不去，她对杨师傅说："我今天晚上回家跟她好好讲讲，她应该能自己走上楼了，要不真的太麻烦您了。"

杨师傅摆摆手，对熙熙妈妈说："没事儿，一点关系都没有，等哪天孩子愿意了，她一定会自己上去的。就一小会儿，我们还有别的师傅在门口，真没关系。"熙熙妈妈感激地说："她也不知道是怎么了，病好了以后回来，非跟我说害怕，不敢走从大门到教室的这一段路。老师说她在班级里都很适应，一点异常也没有。"杨师傅说："孩子嘛，我们哪猜得透，要不哪叫孩子。"

一个多月后的一天，熙熙妈妈又送她到幼儿园的时候，她忽然转头说了声"妈妈再见"，然后，她像别的小朋友那样抱了抱杨师傅，自己头也不回地往教室走去了。

熙熙妈妈也许永远不可能弄明白，熙熙到底为什么会产生这样的一段情绪。但她真切地感受到了，熙熙是如何消解这段情绪的。童心有时候确实是个谜，如何呵护童心，也是一个谜，但总有人参透了谜底。

园长说：

真实面对

每当我听到别人评价鹤琴幼儿园是幼教界的"桃花源"时，我总是坚决予以否认。因为在我看来，没有一所幼儿园可以脱离现实而存在。甚至我对于"你理想中的幼儿园是什么样的？"这样的问题也不感兴趣。因为在我看来，理想如果不能触碰到现实，是没有意义的。

现实生活中，我们难免会遇到各种各样的挑战。幼儿园老师的工作又苦又累，教学大"翻车"，孩子管不住，家长的不理解更是让人的心情雪上加霜。而每次听到老师的抱怨或吐槽，我通常回答他们五个字：这就是生活！

生活首先不是诗和远方，而是眼前的苟且。只有当我们能走出生活中的"一团乱麻",才能享受到"轻舟已过万重山"的畅快。在这个追逐"美颜"的时代,真实已经成为很稀罕的品质。教育界也同样如此。排练过多次的现场教学,完美修饰了的教育案例,已经让我们习以为常、见怪不怪。有次,一位老师拿着一篇课程案例问我,为什么别人的课程开展得那么顺利,而我们的课程总是会有各种各样的意外?我意味深长地回答她:"因为真实的东西,往往是不完美的。"

是的,我们不追求完美,我们更在意真实。因为真实面对的勇气,能赋予我们成长的力量。我很欣赏一位明星的一句话:"极度的坦诚就是无坚不摧。"我希望年轻的老师们能保持一种真实面对的态度,如此,他们就能在未来的成长道路上经受得了失败的考验,抵御得住虚荣的诱惑。

家长工作对年轻老师来说其实是一项不小的挑战。我们不回避教师与家长在观点和立场上的差异,而是抱着求同尊异的态度,尽量站在家长的角度,理解家长的纠结与困惑，引领家长形成教育共识。我们也不回避自身工作经验的不足、沟通技巧的欠缺，而是相信我们真心陪伴孩子、全心服务家长的态度，一定会收获家长的理解和尊重。

我常常对老师们说"不问对错，只问思考"，为的就是让他们不要因为怕犯错而不敢尝试。在教研活动中，我也鼓励老师们"用自己的话说，说自己的话"，不要因为怕说错而停止思考。年轻老师们的实践和思考难免稚嫩和肤浅，但因为是他们真实的所行、所思，也就显得弥足珍贵。

真正的教育智慧，是对真问题的真思考。真实面对的态度，让老师拥有了在复杂教育情境下进行创造和反思的能力，也让老师拥有了专业自信。

时光的河入海流

童年的美好足迹

火车慢慢驶出了车站,小潘老师安静地坐在一个靠窗的位置。做鹤琴幼儿园的访问教师已经一年了。这个六月,一段在她的生命里很特殊的日子就要结束了——回家的时候到了。

一年的日子里,她仿佛也成了"鹤琴"这个大家庭的一员。在即将离开的时候,幼儿园为这一年所有的访问老师举办了她们口中那"恍恍惚惚又轰轰烈烈"的告别仪式。由于担心大家会有购买车票的困难,园方还专门安排了提前几天的"错峰出行"。在她心里,"鹤琴"不仅仅给了她这些点点滴滴的温暖,在"鹤琴"的这一段体验,更像是她的又一次学业的旅程。在这一年中,虽然潘老师也回过几趟家,但当她手握这一张返程的车票时,心中有一种再一次从大学毕业的奇妙感觉。

南京鹤琴：
一所没有特色的幼儿园

这一年，她学到了很多。有许多的经验、许多的感受，她等不及想带回自己原来的幼儿园去分享和交流。她觉得自己可以滔滔不绝地讲述太多。如果只用一句话来概括，她最大的感触是：鹤琴幼儿园给予每一位老师的非常真诚的尊重，对试错的允许和包容。无论是园长的理念，还是整所幼儿园的氛围，都让她感觉到自己像身处一个学习共同体里的大学生：被看见，被关爱，被激励，同时，一直在成长。

鹤琴幼儿园的每一位老师和员工，都是被这样对待的。反过来，他们也是这样去对待每一个孩子的。在各种各样的常规工作中，鹤琴幼儿园都有许多新鲜的尝试。特殊的"成长手册"就是其中的一种。

鹤琴幼儿园是不为孩子们制作纸质的成长手册的，他们选择了一种新型的记录孩子们幼儿园时光的方式——把孩子们的成长印记记录在一个分班级管理的电子平台上。老师们会不定期记录孩子们学习和成长过程中的许多值得纪念的事件和瞬间，家长们则可以动态跟踪班级和查看孩子的在园状态，并进行积极回应和交流。小潘老师刚到鹤琴幼儿园的时候，面对这种新型的"电子成长手册"是不太适应的，但很快，她就完全得心应手了。她记录下了太多弥足珍贵的、稍纵即逝的生动片段。每一次她回头去看、去想，那些跟孩子们一起经历的种种或开心、或感动、或惊讶、或温暖的刹那，都让她感叹：多美好啊，生命里有这么多童真灿烂的细节。

是的，这些故事，属于"鹤琴"的孩子和他们的小潘老师，证明他们一起热气腾腾地生活过,真真切切地相互陪伴过。也许多年以后,他们一起回望,随便一个故事,都会是他们记忆的沙滩上一枚特别美丽的贝壳。

那个发生在每天点心时间的"火车头"故事,是小潘老师特别偏爱的。它每天都在班级发生,好像每天都一样,但它总在改变,又好像每一天都不一样。

每天吃完点心,孩子们会搬小椅子到书柜边安静地看一会儿书。靠书柜旁边的地面上贴着一个"×"的标志,大家认为,谁把椅子搬到了"×"上,谁就是"火车头",其他的小朋友都只能往后排,成为"火车车厢"和"火车尾巴"。于是,有几个特别在意当"火车头"的小男孩,每次都非常努力地迅速吃完点心。这一天,谦谦第一个吃完,他坐到了"火车头"的位置,而小楷第二个吃完,他的椅子只能放到后面一个位置了。

看完一本书,他们都站起身,来到书柜边,准备换下一本。结果小楷先换好了书,他走回来,坐到了"火车头"的位置上。谦谦回来,一看位置没了,便让小楷把位置还给他。

谦谦说:"这是我搬的椅子,应该由我来坐。"小楷说:"空椅子是每个人都可以坐的,刚刚椅子是空的,我先坐上去了。你也可以去找其他的空椅子,或者,就坐我旁边椅子不好吗?"谦谦不肯,小楷不让,两个人在那儿僵持了起来。

小潘老师看到了这一幕,她引导其他的小朋友一起来商讨这个问题到底该怎么解决。不出所料,孩子们的意见没有出现"一边倒"的情况,而是有人支持谦谦,有人支持小楷。

梦妤说:"那我们来投票吧!"

小潘老师说:"投票可以,但在投票前,你们都要说一说自己的理由是什么。"

梦妤说:"应该给谦谦坐,因为他每次都是第一个吃完。他辛辛苦苦得的第一名,椅子怎么可以让别人坐呢?"

小楷不服气:"不对,你说错了,经常是可乐第一名。你说的也不是太有道理。"

子清说:"应该是谦谦坐,因为那个椅子是谦谦搬过来的。"

小楷说:"那要不然全班都重新搬椅子。"

大家都不同意。

小潘老师问大家:"有时候我们去放书了,确实会忘记自己坐的是哪一把椅子,那我们怎么样才能坐回自己一开始搬的椅子呢?"

昕越说:"如果要拿书或送书,眼睛一直盯着自己的椅子就好了!"昕越给大家演示了一遍,结果书放倒了。

子清说:"这样容易把书放错。"

安时说:"我有一个好办法,送书时先调整好方向,再送过去。"

可大家发现,一边盯着椅子一边放书,容易撞到别人。

子清说:"送书的时候,请自己的好朋友帮忙看一下自己的位置就好咧。"

安时说:"那如果我的好朋友还在吃点心,怎么办?"

子清说:"哎呀,我们班有 30 个小朋友呀!"

小潘老师对大家说:"你们想了很多办法,但是你们有没有想一想,当'火车头'真的有那么重要吗?"

一诚说:"今天的'火车头'被别人坐了没关系,明天快点吃完就行了。"

玥潼说:"我们班有这么多椅子,随便坐一个就好了,'火车头'不重要。"

熙俊说:"动作快一点就可以得第一了呀。"

小潘老师说:"对呀,我们班每天有很多次搬椅子的机会,吃点心、收玩具,都有机会当'火车头'啊。"

梦妤说:"对呀,而且,一个星期有五天呢。"

这时候,谦谦和小楷也不争了,谦谦坐到了火车头后面的位置。小楷说:"下次你当'火车头'吧。"

熙俊说:"第二个也是火车头,运货的火车就是这样的,我在书上看到的。"

安时说:"如果有一天从另一边出发的话,另一边也就是'火车头'了。"

可乐说:"那我们就做有轨电车吧,有轨电车就是两个'火车头'。"

小潘老师说:"那我们怎么样才能让大家都有机会当'火车头'呢?"

子清说:"大家轮流当吧,每天轮流一个。"

延溪说:"我不同意,天天记录轮流的事情会很累,有点麻烦。"

梦妤说:"不是每一次都要当'火车头'的,当小车厢也很好,前面和后面都有好朋友。"

可乐说:"可是,最后那个火车尾巴的后面也没有好朋友呀。"

……

梦妤又说:"哎,我觉得可以中午睡觉的时候做个梦,在梦里当个'火车头'就好了!"

小潘老师笑了,这是一群多可爱的孩子啊。她在心里感叹,也许,这就是那"有意味的没意思"的境界吧。她在那天的记录中写道:"今天跟孩子们讨论得很开心,虽然最后大家也没有分出个谁对谁错,但是,如果教师用简单的一句话做出一个规定,虽然一劳永逸了,但孩子们就失去了体验'磨合'和'共识'这个过程的机会。"

两个月过去了,关于"火车头"的故事,依然每天都在上演着。可这一次,尤其不一样。因为生病,谦谦请了一周的假。在那一周里,小楷承包了"吃点心第一名",每天都过着快乐的"火车头"生活。在谦谦病好了回来的那一天,小楷感受到了某种"威胁"。晨间锻炼的时候,他跑到小潘老师身边,对她说:"我有个好主意让谦谦今天吃点心只得第二名！"小潘老师好奇地问："什么主意啊？""我不告诉你！"小楷神秘地笑着说。

大家快回班级的时候，小楷凑到谦谦耳朵旁边说着什么，小潘老师也想凑过去听，这时候，小楷已经说完跑了，可谦谦哭笑不得地说："他声音太轻了，我什么都没听到啊。"

小潘老师转身对兴奋地跑了的小楷说："小楷，你说的是什么？人家根本都没听到啊！"小楷还是那得意的小表情，他大声说："就是我吃点心的时候要两边喷火，给自己装一个加速器，这样，我就吃得很快很快！谦谦只能得第二！"

这一天吃点心的时候，小楷很努力地迅速吃完了点心，一秒钟也不停地搬起小椅子，坐到了"火车头"的位置上。他也不拿书看，得意地看着班级里其他的小朋友，仿佛是一名第一个冲到终点而悠闲自得的冠军。而谦谦呢，他从从容容、不慌不忙、仔仔细细享受完自己的点心，搬起小椅子的时候，还不忘对小潘老师说一句："他就是抢着想当第一名。"

小潘老师哈哈笑了起来，谦谦真像个大哥哥。这时候，小楷从"火车头"的位置站了起来，他从书柜上拿了一本关于消防车的书递给小潘老师，说："小潘老师，今天我们讲这本书好吗？"小潘老师说："不行，今天我心里已经有想要读给你们的书了！"她从柜子里翻出一本《不是第一名也没关系》，这时候，小吴老师和她相视一笑——这真是一个心照不宣的眼神。

当小潘老师读到"得了第一名也没什么了不起的嘛"的时候，可乐好像故意讲给小楷听的那样，说道："吃点心第一名也没什么了不起的嘛！"当老师读到书里的各个小朋友们说"我是数数第一名""我是会讲笑话第一名""我是讲卫生第一名""我是最受欢迎第一名"时，小朋友们开心极了，大家纷纷议论起来。

小潘老师说："每个小朋友都有自己的'第一名'，大家都说说自己是什么第一名吧！"

小楷说："我是吃点心第一名！"

安安说："我是数数第一名！"

梦妤说："我是开心第一名！"

兜兜说："我是爱心第一名！"

酒酒说："我是吃饭干净第一名！"

潼潼说："我是画荷叶第一名！"

昊昊说："我是开车第一名！"

智鸿说："我是踢球第一名！"

熙俊说："我是扔垃圾第一名！"

杰睿说："我是——长得帅第一名！"

可乐说："我是足球第一名！"

墩墩说："我是消防第一名！"

欣宝说："我是画画第一名！"

瑶瑶说："我是警察第一名！"

…………

最后，小潘老师说："米乐和海豚还没说呢！"

大家都说："海豚是汽车第一名，他画汽车画得特别好。"

暖暖说："我觉得米乐是说话第一名！"

可乐说:"不对,米乐是收玩具第一名!"

熙俊说:"还有可可,可可是好朋友第一名,因为她好朋友特别多。对了,还有梓幕呢!"

安安说:"我妈妈说梓幕认识一千多个字啦!"

小潘老师问:"那我们可以说他是什么第一名呢?"

梓幕和大家一起,齐刷刷大声说:"识字第一名!"

这些响亮的童声包围着小潘老师,让她看到了童年时光的美好。更加让她高兴的是,她及时地把它们记录了下来。在鹤琴幼儿园,还有无数这样的童年时光被老师们用心地记录着,这些美好的流动的生命场景,因为被如此地珍爱而永恒了。

在跟这些孩子们共乘的这一段人生的列车上,她觉得自己成了幸福第一名。

幸福的瞬间

  童年是一场假期。

  在我们每个人的心里,它好像是这样一场假期:轻松、愉悦、没有压力和任务,主旋律就是享受和快乐。而事实上,真实的童年不是这样的,肯定也充满着种种的忧虑、害怕和悲伤。可当我们回忆它的时候,我们会选择那些温暖过我们的,让我们感受到幸福的一个个瞬间。它们像我们的心灵养分,滋养着我们从一棵棵小树苗,长成可以经历风霜雨雪的大树。

  这些幸福的瞬间也许各有各的模样,但是,一定有一个共同点,这些瞬间是充斥着欢笑的,存在于某些分享的时刻之中。

  是的,分享,分享那些有趣的、好玩的、不可思议的事情,然后跟我们愿意与之分享的人们,共同去感受和体验。这些瞬间,就仿佛我们生命中的烟火,哪怕每一次都是稍纵即逝,但构筑了我们每个人独一无二的、不用为任何标准所评估和定义的生命质感。

* * *

用"爱心"绘制的卡片

睿睿一入园,就迫不及待地跑到倩倩老师身边,脸上挂着一抹神秘的微笑,他轻轻晃了晃捏紧的小拳头,一改往日的调皮,似乎有些羞涩地对倩倩老师说:"张老师,给你!"倩倩老师接过一看,原来是一张小卡片。卡片的一面上写了几个字"张老师收",文字下面画了一颗小红心。可能是因为天气有些炎热的缘故,字迹和红心已经有些晕染了的痕迹。倩倩老师一看背面,上面是他自己的名字,写得工工整整。倩倩老师问他:"这是每个老师都有的吗?"他有些神秘地笑着,摇摇头,跑开了。

下午放学后,倩倩老师在微信上跟睿睿妈妈沟通了这件事情,表达了自己的开心和感谢。睿睿妈妈说:"昨天晚上缠着我给他写字,但是画一定要自己画,自己的名字也要自己写,做了好几张才做好。而且最近回来,天天努力地练习跳绳,我问他为什么这么积极,他说,'我喜欢倩倩老师,我想快点长大'。"

倩倩老师心头掠过一丝小小的震动。她努力地去搜寻着,为什么睿睿这个很"调皮"、小"麻烦"不断的孩子忽然有了这么

南京鹤琴：
一所没有特色的幼儿园

大的转变。她能想到的原因是，最近睿睿会在课堂上举手了，她下意识地多让他回答了几次问题，而这个她都没有放心上的小小举动，到了孩子那里，竟然变成了一件要用如此"甜"的形式来表达感激的事。那枚小小的爱心，红红的，暖暖的，虽然只有短短的一瞬间，却让她的心里甜了一整天，而且，在往后的日子里，也会一直印在她的心上。

* * *

脑筋急转弯

晨间锻炼的时候是小朋友和老师们之间最亲近和放松的时候,也是他们最喜欢和老师交流"私人感情"的时候。

鹤琴幼儿园有一个球状的攀爬架,这个攀爬架是小朋友们边运动、边聊天的好场所。

一天早晨,撑在攀爬架上的一鸣忽然问曼曼老师:"曼曼老师,你知道子弹和西瓜打在头上,哪一个比较疼吗?"曼曼老师说:"我知道,是头!"一鸣本来准备好了曼曼老师会答错,没想到她答对啦!他开心得不得了,响亮地赞叹道:"对啦!"他一边说,一边快乐地摇头晃脑。

雨果听到了,赶快凑过来,说:"曼曼老师,我也来问你一个,这个很难哦。"曼曼老师说:"我听着呢,看看有多难。"雨果嘿嘿笑了笑,说道:"地铁上来了三只羊,后来又上来一只狼,请问狼走了还有几只羊?"曼曼老师说:"呃,我想想,一只也没有了!"雨果哈哈大笑,他说:"不不不,还是三只。"曼曼老师没想明白:"那是为什么呢?"雨果说:"因为地铁上不能吃东西呀!"

哈哈哈……攀爬架旁的小朋友们和老师一起,全笑得滚作一团。这一幕,是师幼之间多么珍贵的时光。

南京鹤琴：
一所没有特色的幼儿园

* * *

给老师的"甜甜话"

生命来自一个神秘的源头，我们并不知道那是哪里。但是，当我们望见那些生命最初的样子，我们不得不认为那个源头一定是一个特别美好的所在。

幼儿园老师，是除了父母之外，离这些神秘的美好最近的人。那些来自孩子的感情、善意、笑容和拥抱，滋养着他们的生命。

哪个老师没有听到过许许多多来自孩子的"甜甜话"呢？哪个老师没有过一些来自孩子的永远难忘的感动呢？

有的时候，他们的甜甜话让老师甜到心窝里。

小朋友们正在做区角游戏。何老师正和几个小女生一起玩娃娃家。

一个小朋友说："客官要喝点什么呀？"

何老师看着"什么都有小吃店"的菜单说："给我来一杯柠檬汁吧。"

这时候，美工室的薇薇老师到班级里找何老师："可可，有点事儿跟你说一下。"

哈哈，班里的小朋友们听到了，觉得很有趣。他们说："原来何老师是一杯热可可呀，小可可，可可……"

等何老师说完了话，刚刚的小"店主"对她讲："要不你就不要喝柠檬汁了吧，来一杯热可可怎么样？"旁边的小朋友听到了，笑着说:"小可可,爱喝热可可!"

从此以后,班级里就有了一位爱喝热可可,名叫"小可可"的老师,也多了一群喜欢追在她后面喊"小可可,小可可"的小可爱。

有的时候,他们的甜甜话让老师哭笑不得。

妮妮老师在睡前给班级里的孩子们讲了《花婆婆》的故事。是的,就是那个著名的"花婆婆",她到处种下鲁冰花,要做让这个世界变得更美的"第三件事"。

妮妮老师对小朋友们说:"好了,花婆婆的故事讲完了,下面,小朋友们就乖乖睡觉了哦。你们也可以想一想,自己想做一件什么样的事情,可以让世界变得更美呢?"

过了好一会儿,孩子们陆陆续续睡着了,大妞却偷偷地对妮妮老师招招手。妮妮老师很惊讶,平时她不是入睡困难的孩子呀。

妮妮老师走过去,正想问一问她今天怎么到现在还睡不着。大妞轻轻在她耳边说:"妮妮老师,我想到了。我觉得你很好,我想在全世界种下你!"

啊,这真是一句让妮妮老师永远忘不了的"甜甜话"呀!

南京鹤琴：
一所没有特色的幼儿园

* * *

老师的"丑照"

鹤琴幼儿园的新生家长们，都会在孩子还没开学的那个暑假里接到一个"任务"，那就是阅读陈鹤琴先生的两本书《活教育》和《家庭教育》。虽然幼儿园几乎从不举办幼儿的各种"评比"活动，但为了督促家长们认真阅读，幼儿园会组织关于这两本书的读后感征文比赛，并且设置了丰富多样的奖品。

小四班笑笑的家长在这次征文比赛中赢得了一个"大奖"——一个"咔嚓"相机。笑笑特别自豪爸爸妈妈得到的这个奖品，天天带到幼儿园，经常在游戏的时候挂在脖子上，给老师和小朋友们拍照。

有一天，他又在那儿摆弄他的"咔嚓"相机。就在他开机的时候，媛媛老师不经意间看了一眼：这一看不得了，她看到了一张笑笑偷偷抓拍了自己的照片，还把照片设置成了"锁屏"图片！她忙对笑笑说："笑笑，你什么时候偷拍了老师的照片啊？给我看看。"笑笑不好意思地把"咔嚓"相机递过来。哎呀，这张照片怎么拍得那么"丑"呀！不行不行，这个摄影师不合格！

媛媛老师说："笑笑，你怎么把老师拍成这样啦？还设置成锁屏壁纸了？赶快给我重拍一张！"于是，媛媛老师微笑着，让笑笑给自己重新拍了一张漂亮的照片。笑笑的"咔嚓"相机，从此有了新"锁屏"。

媛媛老师说："好啦，现在可以把那张难看的照片删了吧。"笑笑说："不行不行，那是我给媛媛老师拍的第一张照片，我舍不得删。让我留着吧，我不给别人看行吗？"

媛媛老师轻轻拍了拍他的头，对他说："男子汉说话要算数哦！"笑笑使劲点点头："那当然！"

从此以后，笑笑有了一张他万分珍惜的、只有他自己才能看的照片——媛媛老师的"美照"。

* * *

老师讲的笑话最好笑

喜宝虽然是一个爱笑的小丫头，但是，这天有点不寻常，从回到家，她就坐在沙发上，一个人看着天花板，一直笑一直笑，停不下来。妈妈走过去问她："喜宝，有什么可乐的事儿呀？跟妈妈说说。"

喜宝说："妈妈，我要跟你讲一个世界上最好笑、最好笑的笑话！你要当心肚子不要笑痛了哦！"妈妈说："准备好啦！"

喜宝开始讲了："有一天，老师发现小螃蟹抄作业了。老师问它：'你抄谁啦？'小螃蟹说：'我抄蚌的。'老师说：'你棒啥呀棒！'"讲完，她捂着肚子笑起来："哎呀，怎么会有这么好笑的笑话呀！"

妈妈也觉得很好玩。喜宝来了劲头，给家里的人都讲了一遍。

南京鹤琴：
一所没有特色的幼儿园

她给爷爷讲一遍，给奶奶讲一遍，给爸爸讲一遍，给弟弟也讲了一遍。每个人都笑得前仰后合，她得意得不得了。

又过了几天，喜宝一回到家，就对爷爷奶奶说："今天，我又要给你们表演一个笑话啦，听好啦！"

喜宝站到客厅中央，开始说了起来。

"有一天，一条大鲨鱼遇到了一条大嘴鱼。"她边说边故意把嘴巴张得老大老大。

"大嘴鱼问大鲨鱼，你在干什么呢？"

"大鲨鱼说，我在找吃的呢！"

"你在找什么吃的啊？"

"我在找一个大嘴鱼……"

这时候，喜宝把嘴巴变得好小好小，像小鸡啄米那样小。

她细声细气地说道："大嘴鱼说，哦，知道了。大嘴鱼赶快游走了。"她惟妙惟肖的表演把弟弟逗得咯咯笑。

奶奶说："喜宝真是越来越会讲笑话了。"

喜宝一摆手："那当然啦，我们老师讲的笑话，每一个都是世界上最好笑的笑话！"

那些最初的、新鲜、单纯的生命，总是用一曲又一曲的"天真之歌"带着我们重返那珍贵的源头，去聆听生命中最奢侈和宝贵的"天籁之音"。

这一个个幸福的瞬间，让空气变得好甜。只有空气都甜的幼儿园，才会是孩子们喜欢的幼儿园吧。

用"爱"装点的家

　　幼儿园负责艺术教育的薇薇老师正在门厅里忙碌,她正在完善关于国庆节日的主题布置。她右手扶着下巴,静静地看着一整面的背景墙,火红的墙面当然已经有了喜气洋洋的氛围,但她总觉得还缺点儿什么。

　　这时候,保健室的杨老师正好路过。薇薇老师随口问了一句:"杨老师,你来看看呢,是不是还有点不够欢快?"杨老师说:"其实我今天早上看到的时候就想得空了跟你提一提,是不是弄点金色点缀一下会更好?"薇薇老师想了想,说:"对呀,我怎么没想到,如果使用那种很亮的金色碎纸片,让孩子们随意洒在上面,效果一定很不错。我今天下午就来试试!"

　　果然,那些亮晶晶的碎纸片,被孩子们用灵巧的小手洒到红

南京鹤琴：
一所没有特色的幼儿园

色的背景墙上的时候，整个感觉一下子活泼了起来。薇薇老师不得不感叹集体智慧的力量。就在几天前，她带着孩子们布置"给祖国妈妈的生日大蛋糕"的时候，聂师傅也给大家提了很好的建议，于是就有了那个大大的蛋糕上"永远不会熄灭"的供电的生日蜡烛。当生日蜡烛亮起来的时候，她仿佛看到孩子们的小眼睛也一双双亮了起来。

鹤琴幼儿园就是孩子们一个超级大的家，这个家里的每一个人，都在用自己一点一滴的言行装饰着它。

* * *

早操声里的暖心回忆

鹤琴幼儿园的后门外面有一片草地,由于园所的场地有限,孩子们经常会到这片草地上活动。出于安全考虑,一般情况下,保安都会配合老师一起看护孩子。

这一天,保安杨师傅正在幼儿园后门执勤。此时,正是早操时间。大班四个班级的孩子们,正整整齐齐地做着欢快的《动物总动员》,这是他们每天早晨的第一个早操。一曲终了,大家都在等待第二首曲子响起来,半天却没动静。

杨师傅觉得奇怪,他往孩子们做早操的地方走,想看看是怎么回事。这时候,他听到老师们说,音响坏了,管电教的小徐老师已经上楼查看了,但谁也不知道能不能马上修好。

大家还是第一次遇到这样的情况,是等待一会儿,还是先把孩子们带回班里,老师们正在考虑。

忽然,一个洪亮的声音响了起来,原来是大三班的好好。他带头唱起了第二首早操歌《中国功夫》:"卧似一张弓——站似一棵松——"大四班的女孩可可也跟着他唱了起来:"不动不摇坐如钟——走路一阵风——"

"南拳和北腿,少林武当功,太极八卦连环掌,中华有神功——"一个、两个、三个、四个……孩子们纷纷跟着节奏,边唱边做起早操来。所有的老师都没有讲话,大家被这一幕打动了,他们情不自禁哼唱着,加入了这个精彩绝伦、无法预设也不可复制的早操时刻。

杨师傅怔怔地看着眼前的这群孩子,不知道为什么,他难以解释自己此时此刻的这种感动。这群孩子,他们是多么让人喜欢啊!他们阳光自信,可爱灵巧,脸上永远洋溢着善意的笑。伴随着孩子们虽稚嫩却朝气蓬勃的歌声,杨师傅的眼前,仿佛闪过了一个又一个和他们相处时的片段,这些活泼的小精灵,一个个奔跑跳跃着向他迎过来——

小草坪上正在进行小小足球赛,双方在规定时间内打了个平手,正在进行点球大战。

大一班的明远朝杨师傅跑来:"杨师傅,杨师傅,你快来呀!你来看看,他们队也太赖皮了!"

杨师傅忙跑过去问:"怎么啦?"

明远说:"我们开始点球,可是,涵涵他离球门那么近,那叫点球吗?让守门员怎么扑?"

涵涵说:"怎么啦,点球就是这样的!"

杨师傅说:"涵涵,你看啊,点球为什么有趣,就是因为可能点得进也可能点不进啊。如果离远一点,要踢进去也难,要守住门也难;要是离那么近,别人根本扑不到,那还有什么意思呢?"

涵涵听进去了,他思考了几秒钟,点头表示同意。他说:"那杨师傅跟我们一起玩吧。"

杨师傅已经完全记不清,那一天到底哪个班点进了几个球,是谁输了,谁赢了。在他脑海里,有一幅很难消失的画面:在球赛结束之后，孩子们笑着闹着像一个个小猴子，往他身上爬着撒娇的情景。那一刻，他觉得自己是一棵大树，一棵很幸福的大树。

这样的画面，还有太多太多。

晨间活动时，偶然路过的杨师傅和孩子们的"投篮比赛"，每当看到杨师傅搬东西时都主动帮忙的"小车夫"，早晨入园时和孩子们默契的拥抱……

孩子们的歌声停了，这场特殊的早操也做完了，杨师傅从回忆里回过神来。在他心里，这些孩子一个个都像自己家里的晚辈那样亲切，他已经不知不觉把他们当成自己的家人，把幼儿园当作自己心里的一个家了。

* * *

一起为生活谱曲

随着钢琴声"叮咚"响起，小二班的小朋友们在云朵老师的带领下，一起演唱着一首特殊的歌曲。这是一首由他们自己和老师一起作词、幼儿园里的邸老师谱曲的作品。

在小班刚刚开学不久，幼儿园的小班年级进行了一个汽车主题的活动。云朵老师发现，班级里的孩子们大都对有轨电车很感兴趣。于是她带领孩子们一起参观了幼儿园附近的有轨电车。在这一主题中，她想上一节跟有轨电车有关的音乐课。可是，她失望地发现,就算以"车"为主题的歌曲都很少,更别提是一首关于"有轨电车"的歌了。但是,孩子们在参观有轨电车的时候,那发自内心的快乐,他们模仿出来的那些惟妙惟肖的声音,一直在她的心里回响着。就算不能唱一首关于有轨电车的歌曲,其实也没有太大的关系,可哪怕一个小小的遗憾,如果能够不成为遗憾,不是更好吗?云朵老师动起了心思,是不是能上一节韵律课呢?

一天,在食堂里吃早餐的时候,几个老师跟音乐系毕业的邸老师交流关于音乐课的话题。云朵老师忽然有了一个想法:如果,她和孩子们一起写一首词,能否请邸老师帮助谱曲呢?如果可以,那上一节关于有轨电车的音乐课,不就可以实现了吗?

她说出了这个有点"大胆"的想法,邸老师欣然应允。于是,经过一次一次的沟通、交流,一首属于小二班的歌曲诞生啦。

我是有轨电车,
白白的身体黑肚皮,
当当当,开呀开,
当当当,开呀开,
龙王大街站到啦!
叮叮叮,哐当,开门啦!
叮叮叮,哐当,开门啦!

自从云朵老师发掘了邸老师这个"资源",一首又一首属于鹤琴幼儿园孩子们自己的"定制"歌曲诞生了。他们歌唱四季的轮转,歌唱生活的乐趣,歌唱彼此的友谊……他们和老师一起,在歌声里书写自己对这个世界的认识、好奇和爱。

这是他们自己的作品,是他们记录和创作的生活。一如幼儿园门厅里的那个用来悬挂孩子们美术作品的屏风,他们用自己的智慧和方法,在筛选了积木、沙子和石头几种材料之后,一颗一颗从池塘搬来了鹅卵石,把屏风固定得整齐又牢固,就好像他们在这个家里稳稳的幸福。

* * *

每一下笔触都是"爱"

作为鹤琴幼儿园的"驻校艺术家",薇薇老师对于幼儿园的环境尤为关注,在她心里,那是她工作的一部分。让幼儿园的环境变得更好更美,是她的职责所在。再加上她是一个对"美"有着敏锐感觉的人,所以,对园所环境中的任何一处"纰漏",她都特别留意。

在一次会议进行的时候,薇薇老师坐的位置正好面对着一面又窄又长的白墙,她怎么看都觉得会议室里这光秃秃的白墙实在是很"难看"。这面白墙虽说不在孩子们的活动区域内,但如果创作一幅画,就可以让墙面看起来赏心悦目,让老师们获得更多美的体验,不也是一件很好的事情吗?

南京鹤琴：
一所没有特色的幼儿园

一开始想到为幼儿园创作墙画的时候，薇薇老师心中设想的是画一组三联画，画面上是许许多多阳光下的花朵，就像幼儿园的一个个可爱的孩子。然而，张园长以及鹤琴幼儿园的许多老师们都一致认为，最合适、最有意义的毫无疑问是创作一幅跟陈鹤琴先生相关的主题作品。

那么，到底该画什么，怎么画呢？张园长带着她和幼儿园的几位老师一起去拜访了陈鹤琴先生的学生唐淑教授。唐教授听说薇薇老师将要进行这幅画的创作，并且孩子们也将参与其中，感到非常欣慰和高兴。她拿出自己珍藏的一本记载着陈鹤琴先生事迹的画册，小心翼翼地、像分享稀世珍宝那样展示给大家看。为了帮助薇薇老师更好地创作这幅画，她大方地出借了这本画册。

一开始，薇薇老师不太明白，为什么画一幅肖像画需要做这么多的"功课"，她也很惊讶为什么这样一本画册会被如此"宝贝"。当她仔仔细细、一点一滴地去阅读、去了解，去走近陈鹤琴先生和他的"活教育"思想时，她明白了这幅画所要表现和承载的一切。

经过多次的沟通，大家一致认为，让孩子们参与这幅画的创作纵然是有意义的，但如果可以开展一次与之相关的主题活动，让孩子们能够了解和走近他们的"鹤琴爷爷"，那么他们不但能够更加自然地对画面进行表达，还能更加生动、深入地了解陈鹤琴先生的"活教育"思想，这种影响甚至还可以延伸到他们的家庭教育之中。这将会多么有意义呀！与其说薇薇老师和孩子们要为鹤琴幼儿园创作一幅主题油画，不如说，这是一场对"活教育"

理念和对陈鹤琴先生去深入探究学习的旅程。

老师希望孩子们能够通过了解陈鹤琴的"活教育"理念，用"活教育"的目标来要求自己不断进步。他们和孩子们一起制作了鹤琴爷爷在不同年龄时期的黏土人像，绘制了肖像画；他们在《陈鹤琴全集》中挑选出适合的童话故事和歌曲，带孩子们一起阅读、演唱；他们利用多种形式让家长参与到对"活教育"思想的了解中来，从而能够反思自己的教育行为，学习如何成为践行"活教育"的"活家长"。

通过这个主题活动，孩子们对"活教育"有了自己"活"的理解。他们说："活教育就是每天都能出去玩，死教育就是不能出去玩。""活教育就是有看书的时间，有玩的时间，死教育就是只看书，不能玩。""活教育就是老师很温柔，笑眯眯的，死教育就是老师很凶。"……当这些认识根植于他们的脑海中，再回到这一切的缘起——创作一幅关于鹤琴爷爷的画的时候，他们画笔下流淌出来的形象，一定完全不一样了。

这可不是一幅简单的画，画面分为远景、中景和近景。远景复现了鹤琴幼儿园大班的孩子根据陈鹤琴先生的生平创作的作品：有他曾经创立的鼓楼幼稚园，也有他编辑过的杂志和他出版过的作品，还有他任教过的南京师范学院……这些远景的铅笔稿，全部是由小朋友们完成的。薇薇老师在所有小朋友的作品中选出了五幅，邀请他们再次绘制在这幅长达三米的主题油画上；中景是陈鹤琴先生与正在玩耍的小朋友互动，他蹲在孩子们身旁，亲切地握着他们的手，眼里全是慈爱的光；近景是玩游戏的孩子们——画面上所有的玩具都是由陈鹤琴先生发明和制作的。

　　许多个夜晚，在鹤琴幼儿园跟白天截然不同的"静谧而空荡"的美工室里，薇薇老师一个人静静地、一点一点地将这幅画推进。她的眼前忽然浮现出孩子们在这个空间里认认真真、仔仔细细进行勾画的身影，他们用稚拙的笔触写下"小孩子是好奇的、小孩子是好游戏的"。这是她最满意的一次创作——不仅仅是结果，更是过程。她似乎感受到了孩子们和自己那一下又一下的笔触，都饱含着陈鹤琴先生对天下儿童的大爱。陈鹤琴先生倾尽心力去追寻的这所有，都跟他心中最重要的一句话息息相关——一切为了儿童。

　　现在，这幅画被悬挂在鹤琴幼儿园的会议室里，向所有到这里来的老师们，向前来鹤琴幼儿园参观访问的幼教同行们，传递着"活教育"思想，装点着这个孩子们心中温暖的家园。

属于孩子的毕业典礼

六月下旬的南京,已经进入了江南典型的梅雨季节,就算一整天见不到太阳,整个城市都被浓浓的乌云笼罩,依然闷热难当。这样的热,仿佛消解了这个毕业季节中的伤感,可随时会突然而至的滂沱大雨,又会把人忽然抛入那样的心境中——时光的河匆匆汇入大海,我们要说"再见"了。

这一次,鹤琴幼儿园的毕业典礼选在了6月25日。刚刚结束毕业旅行不久的孩子们,其实心中已经做好了准备,他们就要告别幼儿园,告别老师,告别小伙伴,告别自己熟悉的一草一木。虽然,一场又一场的告别是人生必修的功课,可人生中的第一次对一个集体的告别,对他们而言,一定是不一样的。

下午四点,毕业典礼入场的时间刚刚到,酝酿了半天的雨点还是不合时宜地落了下来。资料室的萌萌老师，披上雨衣站在幼儿园门口，为每一个入场的孩子，在迎宾背景墙前，留下与爸爸妈妈的合影。背景墙上，是这一届毕业的120个孩子的照片，他们每一个人，在自己的照片下工工整整地写下自己的名字，带着那种初次握笔的虔诚，感受着这属于自己的重要一刻。

外面的雨淅淅沥沥，跟人心里的雨，好像落在了一起。爸爸妈妈们来到幼儿园的门厅，这里有几个大大的留言板，上面写满了大家想要对毕业生们说的"话"，有弟弟妹妹的话，爸爸妈妈的话，还有老师的话。蛮有意思的要数弟弟妹妹的话了，他们认认真真地画下对哥哥姐姐的爱，并请老师把他们想说的话写在旁边。

一幅画上有一个长辫子的小姑娘，一个大大的爱心，还有一朵漂亮的小红花。画画的小朋友说："我爱哥哥姐姐，祝你们考100分！我送一朵小红花给你们，爱你们哦。"

一幅画上有一个穿粉色裙子的小女孩和一个穿蓝色衣服的小男孩，他们笑眯眯的，手拉着手。画画的小朋友说："我希望小窝哥哥在小学里天天开心，希望你会回来看看我们。"

一幅画上有好几个穿裙子的小女孩，她们像小天使一样有着翅膀，画面上还有很多的小音符，几个小女孩好像在小音符之中飞翔。画画的小朋友说："祝哥哥姐姐在小学快乐，唱好听的歌。"

这些真挚的童言稚语，跟爸爸妈妈还有老师们充满爱和不舍的话语一起，从门厅开始，经由楼梯和走廊，跟随着大家的脚步，一起来到了大礼堂。在这里，爸爸妈妈被安排分批观看孩子们入园以后,一路走来的点点滴滴。呀,那个站在幼儿园门口怎么也不肯撒手的小宝宝,仿佛还在眼前。时光是因为幸福而短暂吗?他们静静地看着视频里的孩子和老师,被一个又一个的镜头感动得湿润眼眶。他们看到了在楼梯上细细叮咛刚上小班的宝宝要慢慢下楼梯的老师,她的话语是那么柔软,她的马尾辫在轻轻飘扬;他们看到了那个跟孩子们依偎在一起,互相刮鼻子玩的老师,她的笑容是那么真实而自然,那一刻他们有多开心,这一刻他们就有多伤感;他们看到了那个在小山坡上跟孩子们嬉闹,你追我、我追你,打成一片的老师,她那种发自内心的享受,把这一刻的氛围衬托得更加安静……怎么会有那么多的不舍,为什么时光不能再慢一点儿走呢?三年的点点滴滴,历历在目,可说"再见"的日子,真的已经到了。

外面的雨下得更欢了,穿着小博士服的各位小毕业生们都已经做好了准备,要感受他们人生之中的第一个毕业典礼!从大礼堂到举办典礼的大草坪还有一段路,在密密的雨中,爸爸妈妈和老师们分成两队,用手中的雨伞,为孩子们临时撑起了一条"风雨连廊"。孩子们排得整整齐齐,迎着一个又一个熟悉的脸庞,走过一个又一个灿烂的笑容,在这样一个"爱的连廊"下,一步一步走向那个最激动人心的时刻。

那个平日里小朋友们跟保安师傅一块儿踢球的小操场上,搭起了一个临时的棚子。那棚子小小的,刚刚好只能放下四个班级的小椅子。大家顺着那条"风雨连廊"一个接一个地走进了棚子。每个小小的座位上,都有他们自己制作的姓名卡。

南京鹤琴：
一所没有特色的幼儿园

　　雨虽然小了一点儿，但是没有要停下来的意思。爸爸妈妈撑着雨伞围站在小棚子周围。他们欣慰地看着这群穿着"博士服"的小不点儿，看着他们似懂非懂但是又满眼敬佩地对送来祝福的南京师范大学学前教育系邱学青老师说"谢谢教授"；看着他们一个个仰着小脑袋认真聆听着园长伯伯的毕业寄语"爱生活、会创造"；看着他们把只有大班年级组才能"拥有"的国旗郑重地交到中班的弟弟妹妹的手里；看着他们一个一个从园长手里小心翼翼地接过毕业证书……

　　是的，孩子们长大了，长大不仅仅意味着获得，也意味着很多很多的失去。但是，正如大一班的琳琳妈妈在家长自由发言的时候说的那样："毕业是一件自然的事情，就像牙齿会掉，头发会

长长一样,一定会发生,但希望你们知道,时间是一直往前走的,一定要珍惜每一天,珍惜每一个朋友……"

是啊,这一切是那样的自然而然,就像鹤琴幼儿园的毕业典礼一样:没有孩子们排练许久的文艺节目,没有为家长准备好的"茶歇"和精心装点、扎好气球的座椅,没有家长们提前准备的发言。有的,仅仅是共同去回顾幼儿园三年的点点滴滴,共同去享受所有人真诚的祝福,共同去感受这个重要的时刻。

毕业典礼进行的时间并不长,可雨,却下得很长。俊彤的妈妈是鹤琴幼儿园的倩倩老师,这一天,她带的大三班,也毕业了。她既是老师,也是家长,心中缠绕着两种感动。毕业典礼结束了,她带着女儿,走到幼儿园门口,抬头望了一眼淅淅沥沥的雨帘,心想:"这一天,真是生命中美好的一天呀!"这时候女儿俊彤忽然问她:"妈妈,你猜雨为什么一直下?"她问:"为什么呀?"俊彤说:"我们就要离开幼儿园了,心里都很难过,这是天空在哭呢!"是啊,于倩倩老师而言,这是开心、感动和不舍的泪水。小朋友们,一定也在心里有同样的感受吧!

两首歌曲的旋律,在她的心头不断切换着,循环着。

一首是孩子们共同演唱的,他们自己创作的毕业歌:"端午节,包粽子,编彩绳;中秋节,做月饼,找月亮;六一节,捉泥鳅,打水仗;水果宝宝运动会,爸爸妈妈和我们玩游戏,田老师的婚礼,我们吃的糖果甜蜜蜜……谢谢你,鹤琴幼儿园,给我们三年美好时光,再见了,再见了!"

还有一首歌曲,是她自己大学毕业的那年夏天,一直萦绕在耳旁的:"时光的河入海流,终于我们分头走,没有哪个港口,是永远的停留……"

是的,所有的美好终将逝去,但因为曾经拥有,这些生命中的回忆,就成了我们每个人独一无二的珍宝。鹤琴幼儿园的这些孩子们,当他们回忆起童年的时候,这段珍贵的时光,能让他们感受到一种可以用来温暖一生的力量。

再见了,我敬爱的老师,

再见了,我亲爱的小伙伴们,

再见了,鹤琴幼儿园!

园长说：

成为一所没有特色的幼儿园

我们希望成为一所没有特色的幼儿园，换句话说，希望鹤琴幼儿园的教育实践是对幼儿园本质的追寻。

我们希望幼儿园能给予孩子们满满的生长体验。三年前，他们带着分离焦虑来到这个新的环境。三年里，他们一次又一次地盼望自己出现在幼儿园门口的生日屏上。三年后，他们又带着不舍，打包在这里的全部回忆，勇敢地迎接属于他们的新生活。

我们希望幼儿园能给予孩子们满满的生活体验。一年又一年，他们重复着秋去春来的日子，看柿子红、桃花开。一天又一天，他们重复着来园离园的日子，尽情地游戏、运动。当然，生活不仅是简单的重复，也一定有很多难以忘记的事情。那是属于他们的高光时刻。

我们希望幼儿园能给予孩子们满满的爱的体验。幼儿园里所有的大人都发自内心地微笑着,这种微笑让孩子们觉得安全、温暖、美好,觉得自己越来越有力量,足以去迎接各种挑战。

我们也希望孩子们知道,大人们的微笑其实是他们给予的,大人们也因他们而拥有了丰富的生活和人生体验。

结束语

每一片绿叶的响声和光芒

当这本书历经两年的时间即将出版时,我忽然感觉,写的过程就像是一次并不轻松却始终坚定信念往前奔去的长跑。接近尾声时,望着眼前的终点线,一种虽筋疲力尽但幸福和释然的轻松感包围了我。

写作的过程如奔跑,大多数的时候是寂寞的,然而这本关于童年、关于儿童花园的书,因为那么多美好的人和事,仿佛这路途中有一曲轻快的背景音乐在循环播放,让这次写作之旅充满了愉快与感动,甚至几乎成了一种享受。

我一开始从留校工作的大学好友那里听说鹤琴幼儿园的开办,就在心里非常期待这一所注定会带来一些"破"和"立"的幼儿园。

南京鹤琴：
一所没有特色的幼儿园

当我听说张俊老师要出任园长之后，我更是觉得，鹤琴幼儿园一定会给行业带来一些惊喜，一定能发出属于自己的声音。

这本书的诞生有一些偶然性，然而我更愿意相信一些美好的必然发生，只不过是要遇到一个刚刚好的时机。鹤琴幼儿园的开办是一个刚刚好的时机，我和张俊老师对创作这本书的"一拍即合"是一个刚刚好的时机，书里面的这些美妙故事的发生和讲述，也都是一个个刚刚好的时机。

张俊老师是一个温和、柔软的人，他的这种个性，在一个幼儿园的管理者身上尤为珍贵。作为一个合作者，一个他曾经的学生，在整本书的完成过程中，我没有感觉到任何的强势和压力。哪怕在一些篇目的保留或放弃，一些观点的表述，甚至书名的确定上，我们都曾有过不同的意见。但我们总能在平等的交流中愉快地作出最终的选择。一次次的讨论和碰撞，他看问题的精准、思考时严密的逻辑以及在表达自己时令人舒适的谦逊更让我敬佩。我的这种感受，也印证了我在访谈从全国各地到鹤琴幼儿园来驻园访问的教师们时，他们不约而同地对我说过的一句话："在鹤琴，我最深的感受是，教师的想法和劳动，特别地受到尊重。"我想，"育心"对于所有"育人"的地方都是非常重要的，老师们的工作感受直接影响他们对待孩子的教育行为，而孩子们是那么稚嫩纯真，一种宽松、柔和的管理氛围对幼儿园来说尤其必要。

幼儿园里的这一群年轻的教师们，他们带给我太多的惊喜。我在幼儿园待了两年，跟他们成了熟悉的朋友。他们那些动人的、快乐的、兴致勃勃的讲述，传递的是他们对这份职业的热情、投入以及责任感。青春的花开花谢，每一个人都会走过这一段绚烂的年华，而他们，因为跟"童年"的彼此陪伴，让这段时光更显得生气勃勃。

在这本书里，有不少故事都来自家长们的讲述，在描述到让他们感激、感动的事情时，我们有时候在电话的两端长时间沉默，心照不宣地等待彼此。我甚至和几位沟通比较多的家长成了生活中的朋友，他们对鹤琴幼儿园的高度评价和深厚情感在漫长的写作过程中给了我莫大的鼓励。

还有展现出内心无比满足的微笑对我讲述孩子们趣事的聂师傅、杨师傅，看了我的初稿之后急忙给我发信息说还没有把他对"活教育"的理解写到位的盼盼大厨，不厌其烦地跟我一次又一次核对许多故事里小细节的保育老师们。

这本书是因为以上这些可爱的人，才有了鲜活的生命力。在朋友间那般真诚而愉悦的分享中，他们用自己对孩子们的爱和对幼教事业的执着，共同"创作"了这本书。而我何其有幸，他们给予我完全的信任，让这些故事经由我的文字呈现出来。

是我的导师梅子涵给了我讲好这些故事的信心。在梅老师的书《绿光芒》中，他这样写道："生命枝头每一片绿叶或飘落的响声里都有闪耀的光芒，感谢我总能看见。"老师在书中讲述着一个又一个微小的感动，最平凡的事件被他神奇的笔写成了最动人的诗篇。当我阅读那些文字的时候，我深深相信，文学有那样的魅力，如一首我很喜欢的歌里所唱的，读者可以"看你看的画面，过你过的时间"，就仿佛一切的一切，就发生在自己的身边。

南京鹤琴：
一所没有特色的幼儿园

只要老师的书放在手边的书架上，就好像我从来没有离开过那个和童话一起走过了一千多天的浪漫课堂。我想，这是教师之于学生的意义。无论任何年龄阶段的学生，他们都需要这样的鼓励、带领、照耀和陪伴，每一个人的生命年轮上，一定都有着教师描绘出的纹理。正因为如此，这种无关血缘、无关利益的感情才更加令人动容，良好的师生关系才更加重要而美好。

我很高兴能够记录下鹤琴幼儿园里发生的这些有趣又暖心的小故事。我的大学同学燕斌在看过书稿之后对我说，她就仿佛在看一段段小电影，感觉自己真的走进了鹤琴幼儿园，这让我尤其欢喜和感动。而正如她在序言中期待的那样，我们每一个为了这本小书付出了努力的人，最大的希望就是更多这样的故事会在师幼之间、亲子之间、家园之间诞生，陈鹤琴先生的"活教育"理念，会如一颗颗风中的蒲公英种子，真正地在更多的幼儿园里"活"起来，开出一朵朵小花，散落成漫山遍野的金黄和灿烂。